POMBAGIRA

FUNDAMENTOS, FIRMEZAS E OFERENDAS

ALAN BARBIERI

POMBAGIRA

FUNDAMENTOS, FIRMEZAS E OFERENDAS

MADRAS®

Editor:
Wagner Veneziani Costa (*in memoriam*)

Produção e Capa:
Equipe Técnica Madras

Revisão:
Ana Paula Luccisano
Arlete Genari

Dados Internacionais de Catalogação na Publicação (CIP)
(Câmara Brasileira do Livro, SP, Brasil)

Barbieri, Alan
Pombagira : fundamentos, firmezas e oferendas /Alan Barbieri. --
-- São Paulo : Madras Editora, 2025.

ISBN 978-65-5620-113-9

1. Pombagira - História 2. Umbanda (Culto)
I. Título.

25-310348.0 CDD-299.672

Índices para catálogo sistemático:

1. Pombagira : Teologia de Umbanda : Religiões de origem africana 299.672

Cibele Maria Dias - Bibliotecária - CRB-8/9427

MADRAS EDITORA LTDA.
Rua Paulo Gonçalves, 88 – Santana
CEP: 02403-020 – São Paulo/SP
Tel.: (11) 2281-5555 – (11) 98128-7754
www.madras.com.br

Índice

Dedicatória

Dedico este livro ao Sagrado Feminino, força que pulsa na alma do mundo e me ensinou — com sabedoria, firmeza e amor — a olhar para a vida com mais verdade.

Pouca gente sabe, mas fui criado por uma mulher. Uma mãe solo, guerreira, que carregou o mundo nas costas. Ao redor dela, minhas duas irmãs e tantas primas. Na minha geração, eu era o único homem da família. Cresci cercado por vozes femininas, por risos e lágrimas femininos, por força e sensibilidade que me atravessaram e moldaram quem eu sou.

Aprendi com elas o que os livros não ensinam. Aprendi sobre dor, sobre entrega, sobre dignidade e sobre silêncio. Foi no silêncio de muitas mulheres que eu escutei verdades que ressoam até hoje em mim.

Aos 16 anos a vida apresentou-me uma mestra, não em carne, mas em espírito. Uma Pombagira: Maria Figueira. Ela chegou primeiro como quem sussurra; depois, como quem firma o passo no chão e não vai mais embora. Aconselhou-me, puxou-me a orelha, abraçou-me e mostrou-me outro modo de ver o mundo. Ensinou-me que mediunidade também é aprendizado de vida; que amor, quando é verdadeiro, protege, ensina e corrige.

Este livro é sobre ela. A respeito de todas elas: as Pombagiras.

À minha mãe, às minhas irmãs, às minhas ancestrais, à Maria Figueira e a todas as mulheres que cruzaram — e ainda cruzam — o meu caminho, minha eterna reverência.

Este livro é de vocês.

Este livro diz respeito a vocês.

Este livro é com vocês.

Introdução

Como falei, a Pombagira que caminha comigo chama-se Maria Figueira. Digo isso com todo o respeito, reverência e honra que essa entidade merece. Há muitos anos, ela se revelou como uma Senhora firme, serena, demonstrando carregar consigo uma sabedoria ancestral profunda. Uma mulher de gestos contidos e palavras certeiras. Ao contrário da imagem exuberante que muitos ainda têm da figura da Pombagira, Dona Figueira não se mostra tão vaidosa, provocadora ou espalhafatosa — ao menos, não comigo. Ela é bruxa. É raiz. É silêncio e vento. É um mistério guardado pelas folhas, pelos galhos e pela sombra das árvores antigas.

Ela carrega os feitiços que não se aprendem em livros, mas sim na escuta e na entrega. É conhecedora das forças da natureza, das palavras certas para despertar ou adormecer, dos caminhos que a alma percorre quando decide crescer. Maria Figueira é minha companheira de trabalho espiritual, minha conselheira, minha orientadora, minha amiga de alma. Um espírito de Luz — e também de exigência, porque ela não passa a mão na cabeça. Ela nos força a amadurecer, querendo ou não.

Mas essa visão que hoje tenho a respeito dela não foi imediata. Quando sua presença se revelou pela primeira vez, confesso: fui tomado por um acanhamento profundo. Foi uma noite de gira em que o tambor tocava alto, o ambiente pulsava, e eu sentia que algo muito intenso me envolvia energeticamente. Eu sabia, desde o primeiro toque do atabaque, que era uma energia feminina — até então, na casa onde eu trabalhava, isso não era algo que se aceitava com facilidade. Eu, homem, incorporar uma Pombagira? Isso era quase um tabu.

Lutei. Contive. Mas não teve jeito. Quando o transe se completou e a gargalhada forte irrompeu pela minha boca, vi-me tomado por um constrangimento tão grande quanto a força que me dominava. Era como se, naquele instante, tudo o que eu havia aprendido sobre masculinidade e mediunidade fosse desafiado. E foi. A verdade é que eu precisava ser quebrado por dentro para poder ser reconstruído.

Ela trabalhou naquela noite. Atendeu, acolheu, curou. Fez o que veio fazer. Quando partiu, deixou dentro de mim algo que até hoje é difícil descrever com palavras. Era como se ela tivesse mexido em uma parte adormecida da minha alma, que nunca havia sido tocada, e, ao mesmo tempo, plantado ali uma semente de algo novo: um chamado para uma vida mais verdadeira, mais livre e mais inteira.

Anos depois, eu já estava à frente do Templo Escola Casa de Lei, Maria Figueira voltou a se manifestar com força para fundamentar seu assentamento. Mais uma vez, aquela sensação inconfundível retornou. A certeza de que a vida que conhecemos é pequena demais diante da grandeza do que somos e do que podemos ser se tivermos coragem de romper as crenças que nos limitam.

Lembro-me de que nesse dia ela trouxe mensagens fortes, mas uma frase reverbera em mim até hoje — a qual tento transcrever aqui, mesmo sabendo que nenhuma palavra será suficiente para carregar o amor e a firmeza que ela imprime em cada fala:

"Se vocês soubessem como é a dor de chegar do outro lado e perceber que não dá mais tempo de voltar, de recomeçar... aproveitariam com mais presença e gratidão a única vida que vocês têm: esta aqui, hoje."

Essa fala me marcou profundamente. Porque, muitas vezes, estamos esperando outra chance, outra fase, outra vida. Esquecemos, porém, que esta existência — com este corpo, estas dores, estas pessoas, este momento — é a única certeza que temos. Tudo o mais é fé ou ilusão. Enquanto ficamos presos demais ao passado, ou ansiosos demais com o futuro, perdemos o agora. É no agora que o trono é ocupado, que se vive ou se morre espiritualmente.

Desde então, passamos a homenagear anualmente todas as Pombagiras no dia 8 de março, Dia Internacional da Mulher, quando entregamos uma rosa vermelha consagrada a cada visitante do nosso templo, como símbolo da força, do encanto e da sabedoria dessas guardiãs. Uma rosa simples, mas viva — como cada mulher que já caminhou nesta Terra.

Foi Maria Figueira quem me ensinou que a espiritualidade não precisa gritar para ser potente. Que não é no excesso de palavras, mas na firmeza de presença, que se revela um mistério. Foi ela quem me pediu — com aquele jeito que mais parece ordem do que sugestão — que este livro fosse escrito. Não a fim de exaltar o seu nome, mas sim devolver a verdade às suas irmãs. Para que mais pessoas compreendam quem são as Pombagiras, e mais médiuns, como eu, possam se permitir viver essa conexão sem medo, sem vergonha e sem preconceito.

Ao longo das páginas deste livro, você vai encontrar ensinamentos, histórias, fundamentos, reflexões e provocações. Vai conhecer um pouco mais sobre as falanges, os nomes, os mistérios e os caminhos espirituais dessas entidades que, com tanta firmeza e amor, trabalham pela transformação de quem as procura.

Entretando, mais do que informações, eu desejo que você se encontre aqui, que descubra uma nova forma de ver a vida, de ver a si mesmo. E, quem sabe, ao final da leitura, você também passe a reverenciar e exaltar esse lado da sua espiritualidade — ou, no mínimo, tenha uma nova visão acerca de tudo aquilo que o impede de ocupar o seu trono.

Laroyê, Dona Figueira. Que cada palavra aqui escrita seja uma rosa plantada no coração de quem ler este livro.

Capítulo 1

Desmistificando e Renovando Opiniões

"Pombagiras são prostitutas; viveram 'de rua'."

"Tenho medo: dizem que elas só fazem trabalhos para destruir casais."

"São escandalosas: roupas chamativas, gargalhadas, cigarro... mulher 'direita' não age assim."

"Não mexe com isso: são vampiras, sedentas, vão sugar sua energia."

"Um conhecido incorporou Pombagira e 'virou gay'."

"Elas só descem com luxo: champanhe caro, seda, ouro... senão, nada feito."

"A minha é preguiçosa: só trabalha se ganhar mimo."

Começo por aqui porque, antes de escrever este livro, passei dias revisitando minha própria trajetória na Umbanda e as opiniões que ouvi desde 1999. Entre leigos e irmãos de fé, coletei mitos que, repetidos como verdades, criam um muro entre as pessoas e um dos mistérios mais belos e transformadores que conheço. Este capítulo é minha maneira de derrubar esse muro, com fundamento, respeito e experiência de terreiro.

O que é "Esquerda" e o que é "Direita" — sem maniqueísmo

Na Umbanda, falamos em campos de atuação: **Direita** e **Esquerda**. Direita, de modo geral, é o polo **irradiador, construtor, organizador** (Caboclos, Pretos-Velhos, Erês, etc.). Esquerda é o polo **desagregador, transmutador**, que **absorve, consome e recicla** desequilíbrios (Exus, Pombagiras, Exus Mirins). Não é "bem" e "mal". É **função**. A Umbanda reconhece que o mal existe — mas como fruto da ignorância humana, e não como princípio cósmico rival de Deus.

A confusão nasce quando a lente **judaico-cristã** da colonização europeia é sobreposta ao universo afro-atlântico. O que não cabia no molde "santo" foi empurrado para o rótulo "diabólico". Exu, senhor das passagens e da comunicação, foi demonizado; por extensão, tudo que trabalha **na fronteira**, **no desejo**, **no limite** — inclusive Pombagira — foi lançado à margem. Some-se a isso o machismo histórico: mulheres fortes, sensuais, diretas e livres foram marcadas como perigosas. O resultado é o pacote de preconceitos que você leu nas primeiras linhas.

Pombagira não é caricatura — é mestra

Pombagira não é entidade de vingança, medo ou destruição. É **guardiã do feminino profundo** — que habita mulheres e homens. É mestra do **desejo consciente**, da **verdade emocional**, da **autonomia**. Chega para nos ensinar a olhar o espelho sem rodeios, a romper padrões que nos diminuem, a curar feridas de rejeição e humilhação, a resgatar a dignidade do corpo e da alma.

"Mas e as roupas, o cigarro, a gargalhada?" — são **linguagens rituais**. A gargalhada purifica e abre caminho; o perfume magnetiza; o leque move energia; o salto afirma postura; a taça celebra a vida. Não é apologia a vícios: é **símbolo**. Umbanda fala por sinais; quem prende o símbolo à literalidade perde a chave do mistério.

"Pombagira 'transforma' orientação sexual?" — não. Entidade **não cria** o que **não existe**. O que às vezes acontece é que, sob o campo de Pombagira, a pessoa encontra **coragem** para assumir quem é. Isso é cura, não desvio. Por outro lado, há inúmeros médiuns homens heterossexuais que trabalham com Pombagira sem qualquer mudança nesse aspecto — mas com mudanças profundas em **empatia, respeito e delicadeza** com o feminino.

"Só trabalha com luxo?" — outro mito. O que move a entidade é **fundamento**, **verdade** e **propósito**. Oferendas podem ser simples e profundas. Champanhe e seda podem aparecer como **linguagem arquetípica** de realeza e magnetismo, mas não como pedágio para a caridade.

"É preguiçosa e só funciona com mimo?" — quando escuto isso, costumo investigar **como está a relação do médium** com a sua verdade, com sua palavra e com sua **responsabilidade**. A Esquerda responde à **coerência**. Firmeza sem presença torna-se enfeite; pedido sem ação transforma-se em queixa.

Entre mito, história e arquétipo: o caso de Maria Padilha

No imaginário ibérico, **Maria Padilha** atravessou séculos como figura de poder, feitiço e transgressão. A Umbanda reconheceu nesse nome um **arquétipo**: tantas mulheres de força semelhante chegaram para trabalhar que se organizou uma **falange** sob esse estandarte. O que importa, mais do que a prova biográfica, é o **espelho** que o nome oferece soberania, magnetismo, decisão, coragem de pagar o preço das próprias escolhas — e de depurar os próprios excessos.

Por que a Esquerda é tão necessária

A Direita **edifica**; a Esquerda **desobstrui**. Sem limpeza de miasmas, cortes de demandas, cura de humilhações e reeducação do desejo, a casa construída pela Direita **não se sustenta**. Por isto, em tantos terreiros sérios, a Esquerda é **firmada primeiro** e **agradecida por último**: ela guarda, segura, varre, fecha.

As Pombagiras acolhem histórias de abuso, invisibilidade e desamor. Reconstroem **autoestima, limites, pertencimento**. Dizem "não" quando é preciso — e "sim" quando o medo nos paralisa. Não são "mulheres de vida fácil", são **espíritos que conhecem a vida**. Já ouvi isto de muitas: "fui dama de luxo", "fui mãe de família", "fui benzedeira", "fui professora". O fio comum é a **transgressão da passividade**: escolheram existir com voz.

O lugar do segredo e o lugar do estudo

Nomes, roupas, objetos — tudo é **código**. Há coisas que não se explicam fora do rito; segredo, na espiritualidade, **protege**. Mas segredo não é desculpa para ignorância. Cabe a nós **estudar, observar, testemunhar** transformações reais. Minha experiência é esta: quando nos aproximamos com **respeito, firmeza e simplicidade**, o trabalho floresce; quando chegamos com **medo, fetiche ou abuso**, o trabalho emperra — e a própria vida denuncia.

Capítulo 2

Pombagira: A Resistência Contra o Patriarcado

Lembro-me agora de uma antiga oração à deusa Ísis, divindade-mãe do Egito, que pode ser sincretizada, historicamente, com mãe Iemanjá (inclusive a iconografia de Iemanjá como uma mulher branca e vestida de azul encontra remanescentes históricos em Ísis dos Navegantes).

Essa Deusa tem uma linda mitologia e foi chamada de "Deusa dos Dez Mil Nomes", dada sua ampla representatividade no que tange à condição de ser mulher.

O texto a seguir é um dos mais belos poemas que conheço sobre o Feminino. Esse hino foi descoberto em Nag Hammadi e os peritos datam-no entre os séculos III e IV de nossa Era. Vamos meditar um pouco sobre ele.

Porque eu sou a primeira e a última
Eu sou a venerada e a desprezada
Eu sou a prostituta e a santa
Eu sou a esposa e a virgem
Eu sou a mãe e a filha
Eu sou os braços de minha mãe
Eu sou a estéril, mas numerosos são os meus filhos
Porque sou a bem-casada e a solteira

Sou a que dá à luz e a que jamais procriou
Eu sou a esposa e o esposo
E foi meu homem quem me gerou
Eu sou a mãe do meu pai
Sou a irmã de meu marido
E ele é o meu filho rejeitado
Respeitem-me sempre
Porque eu sou a escandalosa e a magnífica

Perceba na voz de Ísis as inúmeras imagens e papéis que as mulheres podem assumir na existência humana. Se você é mulher, pense nas inúmeras vezes em que você teve que ser cada um dos papéis descritos em cada verso do hino. Se você é homem, medite sobre as inúmeras funções que as mulheres têm na sua vida, desde sua mãe que o gerou até sua esposa, sua amiga ou irmã, não importa...

Quantas vezes as mulheres são as mães dos seus próprios pais, as irmãs de seus maridos... Quantas vezes as mulheres são veneradas, seja na figura de uma santa, seja na de uma mártir, mas essa mesma figura também pode ser desprezada como a prostituta rejeitada...

Esse poema evoca a unicidade de cada individualidade feminina, em seus inúmeros papéis e colocações, muitas vezes aparentemente contraditórios, mas, de algum modo, todos unidos sob o mesmo selo de ser Ísis, de ser mulher.

Da mesma forma, únicas e múltiplas, as Pombagiras nos encantam não apenas pelo que dizem, pois costumam iluminar os conflitos dos sujeitos que lhes pedem ajuda, mas também por suas danças, seus perfumes, seus olhares e seus gestos.

As festas a elas destinadas são regadas a muito champanhe para celebrar a vida e a impermanência da existência, assim como o ambiente à luz de velas e as rosas vermelhas nos evocam paixões, nossas dores pessoais e nossas transformações.

As Pombagiras são mulheres. E as mulheres tiveram um longo caminho de luta, resistência e transformação social, uma luta que continua. Vamos conhecer, daqui para frente, um pouco desse caminho e entender como isso se relaciona com as Pombagiras.

Um dos primeiros pontos cantados de Pombagira que ouvi na vida ainda ecoa em certas noites, quando penso nessas senhoras... E ele voltou muito forte quando me propus a escrever este livro. O canto era mais ou menos assim:

Vinha caminhando pela rua, quando uma moça bonita eu vi,
Mas eu disse que vinha... vinha caminhando pela rua,
Quando uma moça bonita eu vi,
Com sua sandália de prata,
Sua saia rodada, ela sorriu pra mim
E eu perguntei a ela onde ficava sua morada
E ela respondeu: "moro numa estrada sem fim..."

Esse canto me emociona e, ainda hoje, parece que me traz a beleza e a dureza de ser mulher. Morar numa estrada sem fim parece ser um epíteto de liberdade, mas também de busca... Uma promessa de continuação, mas também de saudade por tudo o que fica pelo caminho. Da mesma forma, o caminho social de emancipação da mulher pode ser considerado uma estrada longa e que, ainda, não teve fim.

Ainda vejo homens (e mulheres!) que não entendem o valor do feminismo, menosprezam-no na sua ignorância ou fazem piadas dessa luta. Tratam um problema histórico como se fosse um cabo de guerra em que, se você, mulher, ganhar, obrigatoriamente eu, homem, vou perder. Desse modo, essas pessoas não conseguem perceber que o resultado dessa guerra é que todos perdem com a limitação do humano e o sufocamento social da mulher.

Entretanto, a história mostra que as relações entre homem e mulher nem sempre foram assim.

Por vezes há muita dificuldade e uma latente limitação em buscar o passado daquilo que vivemos hoje, pois, por serem criações de uma sociedade em constante mutação, as religiões também mudam e podem morrer quando não se relacionam mais aos anseios e às buscas dos seus contemporâneos.

Ainda assim, os remanescentes de determinados motivos que engendram os cultos e as religiões podem permanecer, e os princípios que deram origem a essas motivações podem reaparecer com nomes e formas diferentes, em um novo contexto social, mas, frequentemente, lidando com os mesmos temas de forma muito similar ao passado.

Uma dessas continuidades relaciona-se à transformação do culto de uma Grande-Mãe ancestral que teria surgido no Oriente Médio, no alvorecer da nossa história, e que teria se ramificado em diferentes mitos e deusas, chegando ao continente europeu. Esse mesmo Sagrado Feminino remoto teria sido transformado na Virgem Maria, cujo culto nasceu, portanto, de resquícios dos cultos matriarcais anteriores ao patriarcado ocidental.

Os dados para pensarmos esses períodos, no entanto, são escassos, sendo a arqueologia um campo de especulações. A quantidade de achados de esculturas de figuras femininas desde o Período Paleolítico até o século III a.C. colabora para que exploremos não apenas a ideia de um possível matriarcado, mas também a presença de uma religiosidade focada ao redor de divindades femininas ou, como preferem alguns, esculturas que representavam uma Grande Deusa.

Na impossibilidade de expurgar as Grandes Deusas, Maria, "a mãe de Deus", teria herdado seus atributos, de maneira que os ritos continuaram a ser praticados nos mesmos templos que antes eram de adoração àquelas deusas, mas, a partir de então, passaram a ocorrer em louvor à Maria cristã, que assimilou vários atributos dessas divindades, em contrapartida, afastou do imaginário popular outros tantos, renegados à esfera do pecado e do erro.

Obviamente, essa usurpação foi engendrada pelo domínio político masculino, que elevou o *status* de alguns atributos femininos, como a maternidade, e demonizou outros, como a sexualidade da mulher.

Esse é um longo processo e vamos discuti-lo em detalhes brevemente. Por enquanto, trago à tona essa discussão para pensarmos que os cultos brasileiros de Pombagiras relacionam-se arquetipicamente a essas figuras ancestrais, de um tempo em que a mulher não era subjugada ao artifício masculino e possuía qualidades de sacerdotisa, mãe da vida e senhora de tudo.

Essas figuras vêm de um tempo que não havia estigmatização sobre determinadas formas de ser mulher, pelo contrário, existia respeito sobre o valor sagrado de todas as formas do Feminino.

É nesse sentido que digo que o culto às Pombagiras é uma resistência aos desequilíbrios derivados do patriarcado, pois busca o resgate da totalidade emocional e física da mulher, trazendo à tona aspectos sombrios e recalcados, no sentido psicanalítico, conforme discutimos anteriormente, para que integremos esses aspectos e nos tornemos pessoas mais completas e felizes.

A repressão que causou desequilíbrios e amarras negativas espirituais deu surgimento a uma nova entidade, pura criação brasileira, a Pombagira, síntese dos aspectos mais escandalosos que pode representar a livre expressão feminina aos olhos de uma sociedade ainda dominada por valores patriarcais.

Talvez, apesar da perseguição sofrida, de alguma forma, as práticas e as significações vivificadas nesses cultos arcaicos possam ter se propagado por mulheres e homens sábios, curiosas, feiticeiras, benzedeiras, ciganos e ciganas (que transitavam entre Oriente e Ocidente) ou por caminhos outros que o imaginário popular legou às pessoas de hoje.

No meu entender, para além dos discursos de saber colonizados em nome da verdade, nas reminiscências do marginal, a magia popular solidificada no adágio “faz o que dá certo” parece ter resistido e conservado sua magia subversiva aos olhos do sacerdócio oficial, pois amor, desejo, sexo e sedução nunca deixaram de existir ou de serem buscados somente porque o pároco local disse que esses elementos são fonte de pecado.

Algo das Pombagiras de hoje, portanto, parece emanar e reviver alguma coisa dessas deusas, dessas feiticeiras, dessas ciganas de antes. As Pombagiras se mostram bem mais do que a versão feminina dos Exus, pois muitas formas de femininos transgressivos foram personificadas e incorporadas por elas. Assim, mais do que o estereótipo do prostituído e marginalizado, parecem evocar uma imagem de Feminino que não se prende aos ditames patriarcais, apresentando-se como *outsider*, “fora da lei”, exalando liberdade, força e ousadia.

Desse modo, não foi coincidência que os cultos de Pombagira surgiram e se solidificaram junto com o movimento feminista da década de 1960. E dessas relações que trataremos a seguir.

Capítulo 3

Movimentos Feministas de 1960 e a Chegada das Pombagiras aos Terreiros

Definir precisamente o feminismo é um tanto difícil, pois ele é algo que ilustra um processo, cujas raízes constam no passado, mas sua construção se dá no presente como um movimento de constante renovação. Assim, como todo movimento social, contém contradições, recuos e estagnações, mas também pontos certeiros, avanços e efetivações de luta.

Em meio às transformações econômicas que ocorriam na década de 1960, o feminismo surgiu como um movimento de libertação que denunciava a opressão feminina em múltiplos aspectos. Portanto, devemos falar de "feminismos", no plural, tentando dar voz à multiplicidade e à particularidade de suas existências, não apenas em "feminismo", no singular.

Ao contrário do que muitas pessoas pensam, não há uma "central única" de feministas, o que existe é um conjunto de elementos práticos, éticos, filosóficos, sociais e políticos que buscam direitos de igualdade entre as mulheres e os homens, e a eliminação de padrões patriarcais que se baseiam em normas de gênero.

Gênero diz respeito a um conjunto de normas sociais que vigoram em relação a determinado sexo. Em resumo, quando uma mulher nasce, a ela são dados determinados atributos que foram construídos socialmente e não são inerentes a seus órgãos sexuais, como os papéis sociais de mãe, cuidadora e as características psicológicas de passividade e introspecção, por exemplo.

Mas não é preciso ser altamente inteligente para perceber que nem todas as mulheres se enquadram nesses papéis sociais, ou seja, nos papéis de gênero. Então, porque a elas (e de certa forma, aos homens) foram dadas funções sociais tão fechadas e específicas, que não abarcam a totalidade de cada ser humano?

Isso se deu porque a nossa base cultural e social é o patriarcado, que pode ser definido como a organização da sociedade em torno de figuras de autoridade do sexo masculino. Nesse sistema, os pais têm autoridade sobre as mulheres, as crianças e a propriedade, o que implica instituições com regras e privilégios masculinos, ou seja, é um sistema dependente da subordinação feminina.

A maioria das formas de feminismo caracteriza o patriarcado como um sistema social injusto e opressivo. Na teoria feminista do conceito de patriarcado, muitas vezes são inclusos todos os mecanismos sociais que reproduzem e exercem a dominação masculina sobre as mulheres, não necessariamente se restringindo às relações diretas entre filha e pai ou marido e esposa.

Vemos esse patriarcado indireto quando a mulher não pode escolher o que ocorre com seu corpo quando ela engravida, por exemplo, ao passo que, se os homens engravidassem, com certeza isso jamais seria um problema e haveria clínicas em vários locais, como existem lojas maçônicas e bares, elementos de alto interesse masculino. Da mesma forma, podemos perceber que o trabalho da mulher é desvalorizado em relação ao do homem, o que acarretou certa hostilidade contra o trabalho feminino no mercado de trabalho atual.

Esses são apenas dois exemplos. Importante frisar é que a teoria feminista tipicamente caracteriza o patriarcado como uma construção social, ou seja, é algo que pode ser superado se revelarmos e analisarmos criticamente as suas manifestações.

Nesse caminho, são identificadas, na literatura acadêmica, três grandes ondas feministas, amplamente denominadas sufragismo, revolução sexual e pós-feminismo.

As ativistas fizeram campanhas pelos direitos legais das mulheres (direitos de contrato, de propriedade, ao voto); pelo direito da mulher à sua autonomia e à integridade de seu corpo; pelos direitos reprodutivos (incluindo o aborto saudável, o acesso à contracepção e a cuidados pré-natais de qualidade); pela proteção de mulheres e garotas contra a violência doméstica, o assédio e o estupro; pelos direitos trabalhistas, incluindo-se a licença-maternidade e salários equânimes.

Mesmo assim, percebe-se, por essa lista de reinvindicações, que essas são conquistas ainda a serem efetivadas no Brasil e em várias outras partes do mundo. Talvez por isso a canção diga que minha amiga vivia numa estrada sem fim...

Em todo esse caminho de preconceitos contra as mulheres e de luta por poder, interessa-nos particularmente a caça às bruxas da Idade Média. Nesse período, essencialmente comandado pela ideologia católica, a maldição bíblica de Eva levou ao extermínio de mulheres.

Existiu, na perseguição às feiticeiras, um elemento claro de luta pela manutenção de uma posição de poder do homem, pois o discurso médico da época ia contra o discurso eclesiástico da "pecadora" pagã. A medicina, naquele momento, por exemplo, passou a ser uma instituição masculina, que advogava o monopólio do saber e do poder de cura, em detrimento da prática ancestral de ervas, cozidos, beberagens e do atendimento durante os partos feitos pelas mulheres nas comunidades.

É pelo sexo, ou seja, por sua condição natural, que a mulher era considerada impura e maléfica pela mentalidade medieval, a qual, infelizmente, ainda impera em muitos meios religiosos.

Essa figura do imaginário popular da bruxa e das feiticeiras aportou no Brasil vinda de Portugal, principalmente por meio de mulheres condenadas por feitiçaria e ciganas degradadas. Essas portuguesas utilizavam-se do imaginário religioso e das memórias coletivas e individuais sobre a bruxa.

Entre essas imagens populares constavam, principalmente, a imagem da Bruxa de Évora e a de Maria Padilha, ambas invocadas como ancestrais dessas práticas. Eram vistas como mulheres extremamente perigosas, libidinosas, sensuais, astutas e, portanto, demoníacas, que possuíam a arte da sedução e da magia.

Assim, com o passar do tempo, essas imagens e percepções foram se adequando às transformações socioculturais, políticas, econômicas e religiosas, e se fundiram com novas imagens, mas, de alguma forma, sempre em torno de uma mulher transgressora, livre e não subjugada a uma ordem imposta pelos homens. Ao exteriorizar a sua sexualidade em toda sua plenitude, tornaram-se, para a época, modelos de mulheres devassas e perversas, associadas a bruxas e feiticeiras.

Na segunda metade do século XVII, com o surgimento do Catimbó, religião sincrética afro-brasileira baseada nas culturas indígena, africana e católica portuguesa, a Bruxa de Évora da cultura ibérica passou a ser cultuada. Da mesma forma, há registros de manifestações mediúnicas de Maria Padilha de Castela em um Toré (manifestação religiosa mestiça, em que, por meio de danças e brincadeiras, honram-se os "encantados").

Todas essas manifestações serviram de esteio para que "a mulher de Exu" se instaurasse nos cultos de origem iorubá, nas Macumbas cariocas e, posteriormente, na Umbanda, ou seja, em religiões sincréticas afro-brasileiras.

Maria Padilha foi a primeira falange que surgiu nesse contexto histórico, seguida da falange de Maria Navalha. Juntas, com todo o seu séquito, tornam-se as subversoras da ordem vigente estabelecida e enfrentam, desde o início do século XX, o desafio de promover um processo de transformações socioculturais, religiosas, econômicas e políticas trazidas pela sociedade emergente, eivadas de normas rígidas, de moralidades, de posturas e políticas de branqueamento, de preconceitos e de puritanismos.

Uma das frentes de luta do feminismo no Brasil sempre foi a denúncia da desvalorização da mulher, manifestada nas mais variadas expressões da nossa cultura. A violência física de que é vítima frequente a mulher brasileira atualiza da maneira mais triste essa desvalorização. As Pombagiras nasceram na contramão desse discurso de depreciação do Feminino e seu culto se solidificou junto à ascensão dos movimentos feministas, o que ilustra toda uma agitação de revolução social que também atravessou a religião e a espiritualidade.

Com essa popularização, começaram a surgir manifestações deturpadas dessa entidade. Enquanto a voz popular e externa aos terreiros diz que as Pombagiras falam palavrões e têm sua sexualidade aflorada porque são mulheres de prostíbulos, o sentimento interno do culto defende que a Pombagira exerce o papel de guardiã cósmica. Portanto, essas manifestações de caráter vulgar não pertencem à verdadeira Pombagira, mas a quiumbas femininos, ou seja, a espíritos trevosos e perdidos.

As Pombagiras, assim como os Exus, são porta-vozes dos oprimidos, são as vozes das ruas, fazem uma denúncia ao sistema em favor dos condenados, dos excluídos, dos desprezados, daqueles que são estereotipados, como prostitutas, gigolôs, gays, malandros, todos aqueles que têm as marcas do ilícito, vivendo de/para/nos amores proibidos pelos padrões convencionais e legais.

A Pombagira surgiu nos terreiros para lutar contra a desigualdade, a castração, a interdição dos anseios verdadeiros. Para essa entidade, todo tipo de dominação destrói os oprimidos, por isso, ela se coloca à disposição para desconstruir esses conceitos estabelecidos, social, política, cultural e religiosamente. As Pombagiras lutam contra a violência simbólica, patrimonial, física, psicológica que é imposta às mulheres e aos marginalizados.

Capítulo 4

O Sagrado Feminino

No princípio era a Mãe. Parece estranha essa afirmação, pois crescemos ouvindo dizer que Deus Pai sempre foi o Poderoso e o Senhor de Tudo. Mas a história nos conta que nem sempre foi assim.

Não sabemos exatamente quando o *Homo sapiens* passou a ser um animal religioso, mas temos conhecimento de quando ele passou a expressar esse conhecimento por meio da arte: no Paleolítico ou Antiga Idade da Pedra, após ele ter confeccionado suas primeiras ferramentas.

Entre as várias esculturas da Idade da Pedra conhecidas por nós, 55 figuras femininas nos chamam a atenção como símbolos poderosos de fertilidade, exibindo ventre e seios enormes.

Essas figuras, denominadas "Vênus" pelos arqueólogos (das quais a mais famosa é a Vênus de Willendorf, ilustrada a seguir), não eram representações fiéis de mulheres que viviam naquela época, mas são exageros intencionais dos aspectos criadores e mantenedores da vida.

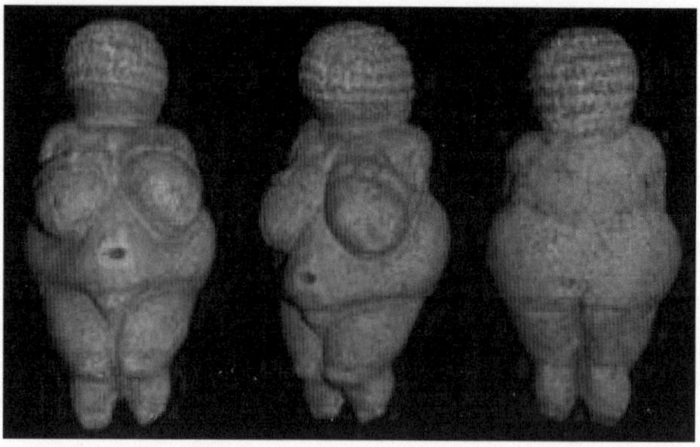

A primeira divindade concebida pelos seres humanos, portanto, foi a Mãe, identificada com a Terra e com o corpo da mulher, pois ambos geram e nutrem a vida. Esse mito, que relaciona o solo fértil ao corpo da mulher e conecta isso a uma força ancestral feminina criadora, está presente em inúmeras culturas nativas ao redor do mundo.

Na Grécia, Gaia foi o primeiro ser que emergiu do Nada original. Dela nasceu tudo no universo, incluindo os deuses e a humanidade. Na Assíria, Tiamat era o oceano primordial, de cujas profundezas férteis originaram-se todas as coisas viventes. No Gênesis (1:2), consta que o espírito de Deus pairava sobre as Águas. As Águas, em hebraico, é Tohu, o nome hebraico de Tiamat. Na Índia, Aditi era a matriz cósmica que havia criado a si mesma, assim como Sophia, a contraparte feminina de Deus, gerou a si para os gnósticos. Do outro lado do mundo, para os aborígenes australianos, Yhi, o Grande Espírito da Vida, era uma mulher que criou tudo e todos.

Esses são apenas alguns exemplos, mas percebemos esse padrão como uma inferência inevitável da primeira entre as muitas formas de ver o sagrado: a Mãe doadora da vida.

As culturas de adoração à Deusa produziram muitas invenções, como os métodos e as práticas de agricultura, medicina, arquitetura, metalurgia, transporte em rodas, cerâmica, tecelagem e a própria linguagem escrita. Nessas sociedades, as mulheres desempenhavam uma participação completa ou mesmo a liderança. Elas eram as rainhas, as mães, as sacerdotisas, as chefes da tribo.

Junto à imagem arquetípica da Mãe, a humanidade logo também desenvolveu a imagem de um filho e consorte dela como um deus da caça e dos animais. Há mais ou menos 35 mil anos, quando a temperatura na Europa começou a cair e grandes lençóis de gelo lentamente avançaram pela tundra cheia de vida animal, pequenos grupos de homens viviam da colheita dos vegetais que brotavam espontaneamente da terra e também da caça dos animais de grande porte.

Esses seres humanos estavam conectados com os ritmos da natureza, pois dependiam dela para conseguir sobreviver, e expressavam esses ritmos naturais não por meio da intelectualidade, mas por imagens: a antiga Deusa-mãe que dava a vida a tudo gerou o Deus Caçador, que orientava os homens a adquirirem alimento por meio da caça.

Os homens seguiam as renas e os bisões, armados somente com armas primitivas, mas aqueles dotados de sentidos mais afinados podiam convocar, por exemplo, uma manada para uma armadilha mais elaborada. Esses seres humanos acabaram tornando-se xamãs e sacerdotes dessas tribos, pois mantinham o conhecimento prático essencial para a vida em tribo e passavam-no às gerações posteriores. Comumente, esses xamãs vestiam-se com peles e chifres como identificação com o deus das manadas.

Com o tempo, o gelo recuou, alguns clãs acompanharam o bisão e a rena até o Norte, outros cruzaram a passagem terrestre pelo Alasca e chegaram às Américas. Os que permaneceram na Europa se dedicaram à pesca e à coleta de plantas e de moluscos. Cães passaram a vigiar esses clãs, e novas ferramentas foram sendo criadas e aperfeiçoadas.

À medida que os povoados isolados se transformavam em pequenas vilas, o conhecimento adquirido por um grupo era transmitido a outros e começou, assim, a domesticação de animais e o plantio das sementes coletadas. Essas vilas primitivas converteram-se nas primeiras cidades. Os conhecimentos ancestrais e íntimos das mulheres sobre a terra e a vida uniam-se aos conhecimentos práticos derivados da caça desenvolvidos pelos homens.

Apenas posteriormente surgiram culturas que se dedicaram à arte de guerrear, em que as características masculinas eram exaltadas. Ondas sucessivas de invasões indo-europeias tomaram conta da Europa da Idade do Bronze em diante. Assim, o ciclo mitológico da Deusa e de seu consorte foi alterado para se adequar aos valores centrados no patriarcado das tribos vitoriosas. Formas antigas da Deusa, antes completas em si mesmas, foram assimiladas como esposas e filhas desses novos deuses masculinos.

O Antigo Egito foi um exemplo perfeito a respeito desse estágio de transição. Ele era matrilinear, porém patriarcal. A realeza e a propriedade eram passadas diretamente por meio da linhagem feminina, de mãe para filha. Todos os faraós masculinos ocupavam o trono porque eles eram casados com as herdeiras. A rainha era rainha por direito de nascença, o rei o era por direito de casamento. Disso deriva o hábito faraônico de se casar com irmãs e filhas para manter o próprio direito ao trono.

A herança matrilinear era a regra em todos os níveis da sociedade egípcia e persistiu até o fim. Esse foi o motivo de, inicialmente, Júlio César e, depois, Marco Antônio desposarem Cleópatra: essa era a única maneira de eles serem aceitos pelo povo egípcio como regentes.

Roma teve que se confrontar, novamente, com a força feminina remanescente um século depois, na outra margem do seu Império, na Bretanha, com a revolta envolvendo a rainha Boudicca.

Assim, percebemos que o primeiro ataque que o patriarcado desferiu às mulheres tomou a forma de subordinação. Os aspectos aceitáveis das deusas ancestrais foram colocados sobre a responsabilidade de mestres masculinos; deusas-mães, completas em si mesmas e multifacetadas, tornaram-se esposas, irmãs ou filhas ou, ainda, foram totalmente masculinizadas. Seus aspectos que causavam desconforto, por indicarem poder, foram demonizados ou domados a ferro e fogo pela nova ordem masculina.

Essa troca de perspectiva ganhou força, de fato, no Ocidente, durante o estabelecimento do sacerdócio hebreu. Durante dois séculos e meio, a deusa Asherah (também conhecida pelos nomes de Ishtar e Astarte) foi adorada no Templo de Jerusalém ao lado de Jeová (Yahweh/Javé), como sua esposa e irmã, sendo sua estátua exibida publicamente como a Rainha dos Céus. Seu culto estava profundamente enraizado na cultura agrícola de Israel, mas vários profetas judeus passaram a trovejar e ela foi oficialmente banida do culto. É possível ver isso em Jeremias (7:18; 44:17-25).

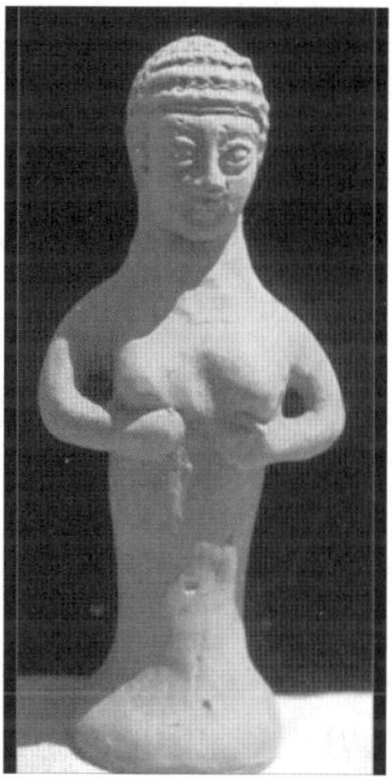

Veja a estátua dessa deusa, oferecendo seus seios como promessa de alívio, nutrição e amor aos israelitas, e sua semelhança à imagem bem mais antiga da Vênus de Willendorf, mostrada anteriormente.

Mais tarde, com o advento do Cristianismo, a Igreja Católica teve que lidar com esses resquícios do Sagrado Feminino em meio ao povo convertido, elevando, no Concílio de Éfeso, em 431, a Virgem Maria à posição de mãe de Deus (Theotokos). Isso aconteceu em razão de um anseio do povo em cultuar aquela que sempre foi tida como a mãe de tudo, a que curava e alimentava seus filhos.

Desse modo, os antigos lugares de culto à Deusa foram repaginados como catedrais e igrejas cristãs. A figura de Maria assimilou muitas dessas iconografias (como a mãe, a nutridora), mas havia outras em meio ao povo (como a prostituta e a feiticeira) com as quais a religião não sabia lidar e passou a perseguir.

Naqueles primeiros tempos, quando o Cristianismo estava lentamente ganhando forças, as religiões pagãs (aquelas formas de espiritualidade ligadas ao povo e aos camponeses) eram tidas como suas principais rivais, ainda que os cristãos assimilassem certos conceitos e rituais pagãos.

A crença em uma única divindade onipotente cria uma hierarquia social, de um Deus acima dos outros deuses e do crente acima do não crente. A tradição judaico-cristã, fundamentada em uma divindade e em valores identificados com a figura do pai, com a figura masculina, foi de grande importância para a formação cultural e a mentalidade do Ocidente, e podemos afirmar que grande parte das afirmações preconceituosas sobre as mulheres derivam dessa perspectiva.

Enquanto o Cristianismo se estabeleceu e se firmou, a mulher passou a ocupar cada vez mais um lugar secundário na sociedade, a ponto de, no século V, Agostinho argumentar que as mulheres não tinham alma, tese essa que é corroborada no século XIII por Tomás de Aquino, segundo o qual a mulher é uma escrava pela lei das circunstâncias, e está submetida ao homem pela sua fraqueza de espírito e de corpo.

Aos olhos da igreja, os pagãos eram obviamente adoradores do mal, simplesmente porque prestavam cultos a formas divinas que não eram a cristã e não assimilavam de todo esse sentimento misógino em relação às mulheres. Os pagãos viam a realidade de outra maneira. Os missionários, particularmente, tendiam a rotular todos os povos originários como adoradores do demônio, e pouco importava que as pessoas fossem boas e felizes e, frequentemente, vivessem melhor do ponto de vista social e moral que a maioria dos cristãos, pois o essencial era que elas fossem convertidas.

Assim, em 1320, a Igreja declarou oficialmente que as práticas religiosas dos pagãos eram bruxaria, e constituíam um movimento herético e uma ameaça hostil ao Cristianismo. A Igreja passou, portanto, a perseguir, torturar e matar sistematicamente pessoas cuja espiritualidade diferia daquela oficial. Qualquer indivíduo ou grupo que as autoridades eclesiásticas estigmatizassem como hereges poderiam ser julgados e executados.

Todo esse processo de estigmatização, de deturpação e de derrota dos mais fracos foi chamado de Inquisição. Quando o Cristianismo se propagou pelo globo, as populações originais que lhe resistiram ou discordavam de seus ensinamentos foram subjugadas, na Europa, na África, na Ásia, na Polinésia e nas Américas, tendo como base para as atrocidades cometidas as premissas veiculadas por manuais de perseguição, como *O Martelo das Feiticeiras*, uma publicação que ensinava como identificar e punir as bruxas e os hereges.

De tal forma isso ainda é presente no imaginário das pessoas atualmente, já que terreiros de Umbanda e barracões de Candomblé sofrem depredação, e sacerdotisas e sacerdotes são tidos como bruxos e adoradores do mal por muitas pessoas, tendo como base essa visão de mundo distorcida, a qual foi responsável por causar dor e morte a milhares de pessoas.

Havia crescentes interesses comerciais ao final da Idade Média, pois se estava começando a considerar a terra uma mercadoria que podia ser comprada ou vendida como propriedade. A noção capitalista de propriedade privada ganhava força contra a antiga percepção de ser a terra um elemento sagrado que pertencia ao povo como um todo.

Essa visão de mundo desintegrou a vida camponesa e destruiu a sacralidade pela terra dos povos originais. Milhares de pessoas foram empurradas para mais longe, marginalizadas, para áreas desabitadas e inóspitas, ou foram atraídas para as cidades em crescimento, onde passaram a trabalhar como assalariadas. A vida pagã foi subvertida, mas o ideário da figura da Mãe Divina permaneceu, assim como os seus rituais e suas práticas continuaram como folclore, como formas de superstições ou práticas antigas que foram cristianizadas.

Frequentemente, essas práticas envolvem a Virgem Maria como uma figura lunar e mágica, doadora da magia para a realização de desejos e de dons, como a profecia e a visão. Esses elementos não fazem parte da iconografia oficial da Virgem, sempre silente e envolta em submissão, mas, mesmo assim, essas práticas sempre persistiram em meio ao povo, que utilizava o nome de Maria no lugar de alguma Deusa antiga.

Perceba, portanto, que a imagem de Maria conforme vista pelo Cristianismo é o Sagrado Feminino castrado e que, subjacente a essa figura, sempre persistiu entre o povo uma imagem desse Sagrado mais ampla e sintonizada com os desejos humanos, ainda que marginalizada.

Mesmo que a ideia da mulher redentora e submissa tenha seu lugar no mundo, as mulheres podem assumir outros papéis que não apenas o de serem subordinadas a uma força masculina superior. O sacerdócio feminino, por exemplo, é oficialmente negado, embora tradicionalmente tenham sido as mulheres as primeiras desenvolvedoras dos mistérios da religião e da espiritualidade.

Maria foi o que restou, em meio ao patriarcado cristão, do Sagrado Feminino que se derivou desde aquela imagem arquetípica da Mãe primordial e que, historicamente, ecoou nas imagens de múltiplas deusas, as quais, durante grande parte da nossa história, guiaram-nos na busca pela espiritualidade. De alguma forma, podemos dizer que a Força desse Sagrado Feminino, mesmo por vezes escondida e negada, sobrevive por meio deste epíteto: "Maria".

Na minha opinião, as Pombagiras retomam muito desses cultos antigos às deusas de outrora, são atualizações de formas ancestrais de culto que sobreviveram à perseguição e à castração masculinas, graças ao trabalho de parteiras, professoras e "mulheres curiosas", às vezes, chamadas de feiticeiras.

Portanto, o primeiro nome comum que muitas Pombagiras recebem, Maria, faz referência a essas deusas, àquelas mulheres santas e guerreiras que estavam vinculadas ao serviço da Grande-Mãe, hoje atualizado na Umbanda mediante a assunção do epíteto da mulher divina, Maria, por servidoras da espiritualidade.

O significado de Maria na vida das pessoas é tudo menos acadêmico. Não importa o que a teologia oficial diga, a face da Deusa banida ainda resplandece nas capelas dedicadas à Virgem Maria, na adorada figura materna dos santuários à beira da estrada ou nas estatuetas da mulher segurando seu filho no colo. Vive com um leve sorriso no rosto ou chorando pela humanidade a figura Dela que foi a primeira e será a última. Mesmo padres e freiras admitem isso privadamente, demonstrando-se imperturbáveis na sua Fé no Sagrado Feminino, ainda que diante de uma heresia técnica.

Assim como era feito nos antigos cultos, as Pombagiras são procuradas por indivíduos em busca de conselhos e de ajuda para questões que eles relutam em levar a um padre, por exemplo. E por que essas entidades não ajudariam essas pessoas usando termos, dando nomes e significados que tragam um sentido real para aqueles que elas estão ajudando?

O mundo precisa urgentemente de um despertar para o Sagrado Feminino, reconhecê-lo em todos os seus aspectos e atributos, para nossa libertação e crescimento. Acredito que o culto à Pombagira é parte desse processo de espiritualização e, nesse caminho, para muitas pessoas, a face que o Sagrado Feminino apresenta é a da Virgem Maria, por isso as Pombagiras ganham esse nome inicial quando passam a servir em suas falanges.

Como as antigas sacerdotisas, as Pombagiras são mulheres santas e sagradas, que levam o nome Maria à frente de suas falanges, como a nos lembrar de que a Mãe nunca foi embora. Ainda hoje, por meio da figura de Maria, o Sagrado Feminino resplandece em sua miríade de nomes e funções na vida humana, a nos proteger, a nos nutrir, a nos guiar e a nos energizar, como aquela Vênus primitiva com ancas e seios enormes ou mesmo a posterior Asherah de seios à mostra. Embora escandalosas sob a visão da religião oficial, ainda assim são uma força que vivifica e transforma positivamente a vida de seus filhos e consulentes.

Capítulo 5

Fundamentos de Pombagira na Umbanda

A presença das falanges de Pombagira na Umbanda, de forma mais ampla e visível, fortaleceu-se a partir da década de 1960. A princípio, era comum que essas entidades femininas fossem chamadas de "Exu Mulher", como tentativa de explicá-las por meio da comparação com os Exus já conhecidos nos terreiros. Com o passar do tempo, foi-se percebendo que Pombagira não é uma versão feminina de Exu, mas sim um mistério próprio. Um fundamento espiritual autêntico e necessário, com características, demandas e sabedorias únicas — e absolutamente fundamentais dentro da prática de Umbanda.

Para entender por que essas entidades se manifestaram com mais força a partir daquele período, é importante compreender que a Umbanda é, desde sua essência, uma religião que dá voz aos marginalizados, aos invisibilizados e àqueles que foram historicamente excluídos. Ela constrói-se a partir do amparo aos esquecidos, das dores ignoradas, das potências caladas. E isso se expressa nos arquétipos das diversas linhas de trabalho que compõem sua prática espiritual.

Caboclos representam os povos originários, violentamente silenciados. Pretos-Velhos trazem a ancestralidade dos negros escravizados, carregando cura e sabedoria. Baianos, Boiadeiros, Marinheiros, Ciganos — todos são expressão da alma brasileira nas suas margens. A Umbanda, portanto, constituiu-se como um espaço de acolhimento e justiça espiritual, capaz de dar lugar às vozes que o mundo historicamente calou.

Foi nesse contexto que as Pombagiras começaram a se manifestar. Com uma força arrebatadora, elas chegaram — muitas vezes sem aviso, sem ritual prévio, sem qualquer formalidade. Incorporavam em médiuns homens e mulheres, soltavam suas gargalhadas poderosas, exigiam bebidas, fumavam cigarros, dançavam com leveza e sensualidade, falavam com coragem e apresentavam posturas que desafiavam os costumes sociais da época. Vinham para quebrar padrões, provocar reflexões, rasgar o véu da hipocrisia.

Eram mulheres espirituais que reivindicavam o seu lugar. Que não se calavam, não pediam licença para existir. Isso causou impacto — tanto dentro dos terreiros quanto fora deles. Afinal, estávamos diante de entidades que falavam de prazer, de liberdade, de amor-próprio, de empoderamento, de escolhas, de sexualidade, de dor e também de cura. Estávamos diante do Sagrado Feminino encarnado em suas múltiplas faces.

Em paralelo aos movimentos feministas que tomavam as ruas na década de 1960, exigindo equidade, dignidade e respeito, as Pombagiras também faziam sua revolução nos terreiros. Questionavam o lugar social da mulher, enfrentavam os tabus religiosos, denunciavam os preconceitos mascarados de doutrina; sobretudo, mostravam que o amor não se submete à opressão.

Quando uma Pombagira chega em um terreiro, a gargalhada é o primeiro sinal. É um riso que anuncia sua presença, que expande a energia, que purifica o espaço e desperta quem está ali. É uma força que sacode, que vibra, que muda a frequência. Gargalhar, para essas entidades, é afirmar: "Estou aqui. Veja-me. Escute-me. Sinta-me." Nesse ato elas libertam, porque a gargalhada, para as mulheres, sempre foi um símbolo de transgressão. Desde os rituais das bruxas até as expressões das mulheres que ousaram ser livres, rir alto foi, e ainda é, uma forma de dizer "eu me pertenço".

No nível energético, essa gargalhada é um ponto de força. Ela limpa o ambiente, rompe cargas negativas, impõe respeito espiritual. No nível simbólico, é um grito ancestral de liberdade.

As Pombagiras manifestam-se em qualquer pessoa, independentemente de gênero, idade ou orientação sexual. Mas é fato que, por muito tempo, homens — especialmente os heterossexuais — resistiram à sua incorporação. Muitos sentiam vergonha, medo ou constrangimento. Achavam que isso feria sua masculinidade. Isso é puro preconceito, porque se uma mulher pode incorporar Exu, Caboclo ou Preto-Velho, por que um homem não pode receber Pombagira? Essa resistência não tem fundamento espiritual, e sim raiz na ignorância, na cultura machista e na falta de compreensão sobre a verdadeira natureza dessas entidades.

Pombagira não vai "transformar" ninguém; ela vai revelar, vai curar, vai mostrar onde mora a sua dor e também o seu poder. Quando é bem compreendida, bem recebida e bem trabalhada, ela é uma aliada poderosa no caminho da autotransformação.

Elas chegam para nos ensinar que existe um trono que é nosso por direito. Um lugar de dignidade, de presença, de soberania, e que ninguém, absolutamente ninguém, pode nos tirar esse lugar. Mas, antes, precisamos ocupar esse trono por dentro, fazer as pazes com quem somos. Necessitamos curar as feridas que nos fizeram desacreditar de nós mesmos.

As Pombagiras são espíritos que não apenas falam de amor — elas são amor, mas não aquele amor submisso, dependente ou adoecido. Elas ensinam o amor que liberta, que nutre, que eleva, que acolhe, que ensina a escolher.

E quando aprendemos com elas, aprendemos a viver. Aprendemos a nos respeitar. Aprendemos a caminhar com mais firmeza, a dizer sim com verdade e a dizer não com segurança. Aprendemos que espiritualidade também é poder e que não existe sagrado maior do que viver a própria verdade.

Mas se Pombagira é um mistério tão profundo, tão vasto e tão plural, como então ela se organiza dentro da Umbanda? Quais são as falanges que expressam seus diferentes atributos e formas de atuação nos terreiros?

É a respeito disso que vamos falar a seguir: as falanges de Pombagira na Umbanda — e como cada uma delas representa um portal específico de força, acolhimento, cura e transformação. Vamos juntos.

Capítulo 6

As Falanges de Pombagira na Umbanda

Se há uma força espiritual que atravessa os tempos com mistério, potência e encantamento, essa é a Pombagira. Embora sua presença tenha sido inicialmente incompreendida, hoje reconhecemos o quanto ela é complexa, multifacetada e impossível de aprisionar em um único molde. Falar sobre suas falanges é tentar organizar, minimamente, essa vastidão em caminhos de acesso e entendimento — mas sempre reconhecendo que estamos lidando com um mistério vivo, o qual jamais caberá por inteiro em nenhuma estrutura.

Na Umbanda, as falanges são agrupamentos espirituais que se organizam sob uma mesma egrégora. São nomes simbólicos que representam um campo de atuação espiritual comum, um arquétipo, uma vibração. Por isso, quando falamos de "Maria Padilha", por exemplo, não estamos falando de um único espírito, mas de uma falange composta por muitos espíritos que se identificam com esse nome, atuando sob um mesmo raio de força, mas com vivências, temperamentos e histórias únicas.

Essas falanges não são apenas categorias didáticas — elas nos ajudam a compreender a essência com que cada Pombagira trabalha, os elementos que utiliza, os campos onde atua e, até mesmo, a linguagem com que se expressa espiritualmente. Entender uma falange é como decifrar a assinatura vibracional daquela entidade.

As Pombagiras, junto aos Exus, são guardiãs dos mistérios da vida, do desejo, da transformação e das nossas sombras. Elas não estão presas a um único campo —transitam por todos os reinos da natureza; portanto, por todos os campos dos Orixás. Cada falange guarda em si atributos que revelam uma ligação mais profunda com determinada força natural, e é exatamente por isso que dizemos que uma Pombagira "atua na força" de um Orixá. Essa atuação se expressa nos pontos de força onde ela se manifesta, nas oferendas que melhor a alimentam, nas demandas que costuma atender e nas curas que proporciona.

É importante lembrar que o nome com o qual a entidade se apresenta não é o nome que ela teve em vida, e sim o da falange à qual pertence, uma espécie de título espiritual que revela sua especialidade. Dentro dessa falange, cada espírito carrega sua própria história — com personalidades que variam, com vivências que se refletem na forma como cuidam dos seus médiuns e consulentes.

Por isso, se duas pessoas trabalham com "Maria Mulambo", por exemplo, não significa que estejam recebendo o mesmo espírito, e sim que ambas estão ligadas à falange "Mulambo", que tem um campo específico de atuação, mas cada espírito dentro dela possui seu próprio modo de ser, falar, agir e conduzir. O que elas têm em comum é o arquétipo. O que elas têm de único é a alma.

Essa diversidade é uma das riquezas da Umbanda. Compreender as falanges não é engessar as entidades, e sim abrir possibilidades para uma aproximação mais sensível e consciente; é reconhecer sinais, entender fundamentos, respeitar limites e cultuar com mais profundidade.

Ao longo dos anos, percebi que muitos médiuns, ao se conectarem com sua Pombagira, sentem desejo de aprofundar o vínculo. Querem entender melhor os símbolos, os elementos, os porquês daquela presença. Foi justamente por isso que optei por organizar este conteúdo da maneira mais acessível possível.

A seguir, vou apresentar uma divisão das falanges de Pombagira **de acordo com os reinos da natureza**, que na Umbanda também são entendidos como os **campos sustentadores dos Orixás**. Cada reino tem sua vibração, sua força elemental, seu arquétipo sagrado — e as Pombagiras que neles atuam refletem essa força em seu trabalho.

É importante dizer que essa classificação não é única nem absoluta. Em outras vertentes, em outras tradições ou em outros cultos, pode haver interpretações diferentes, e isso é totalmente válido. Aqui, proponho esse olhar como **recurso didático**, para que você compreenda melhor os **elementos com os quais sua Pombagira se manifesta**, os **locais de força com os quais ela mais se identifica**, os **atributos de personalidade que ela expressa**, e os **campos de atuação espiritual nos quais ela é mais eficaz**.

Esse entendimento facilita, inclusive, a maneira como cultuamos, firmamos, evocamos e ofertamos a ela, pois ao entender o reino, entendemos a energia, e ao entendermos a energia, ficamos mais próximos do mistério.

Agora, vamos seguir juntos na jornada de conhecimento profundo sobre as falanges de Pombagira, **organizadas por reinos naturais e pela regência simbólica dos Orixás da Umbanda**. Que esse caminho traga luz, clareza e mais conexão com a sua guardiã.

Capítulo 7

Pombagiras de Oxalá

As Pombagiras de Oxalá não chegam em grito, chegam em silêncio. Não quebram as portas, abrem com calma, presença e sabedoria. São aquelas que, mesmo envoltas na luz da justiça e da paz, não hesitam em mergulhar na dor do outro, para com ele acender a esperança. É comum que sua vibração cause certo estranhamento em quem espera por um furacão, mas o que se manifesta é uma brisa. E, nessa brisa, elas vão varrendo tudo o que é excesso, tudo o que é ruído, tudo o que é máscara.

São espíritos de mulheres que se renderam ao perdão, que se curaram da culpa e se tornaram guardiãs de caminhos retos, mesmo quando esses exigem cortes e despedidas. Não se enganem com o ar calmo, essas Pombagiras são extremamente firmes. Quando elas dizem "chega", é porque o tempo de tolerar já passou. Mas quando dizem "vai", é porque abriram as portas que ninguém mais conseguiu abrir.

Pombagiras de Oxalá atuam no campo do espírito, da alma, da moral e da fé. Cuidam das dores invisíveis, daquelas que a alma carrega sozinha. São conselheiras da alma madura e também mães espirituais que reerguem a filha caída, não com julgamentos, mas com presença, acolhimento e direcionamento.

Quando presentes na vida de uma pessoa, essas entidades tendem a promover **limpezas profundas de padrões emocionais e espirituais**, conduzindo o médium ou protegido ao reencontro com sua verdade, sua essência e seu propósito de vida. Por isso, quem tem uma Pombagira de Oxalá por perto geralmente vive intensos processos de cura, perdão, autoaceitação e, muitas vezes, de rompimento com padrões espirituais antigos.

São espíritos que curam com palavras simples, olhares profundos e uma sabedoria que parece atravessar o tempo. Seus conselhos tocam mais pelo silêncio que promovem do que pelo barulho que fazem.

Pessoas que trazem uma Pombagira dessa falange tendem a buscar a verdade das coisas, mesmo que isso lhes custe relações, certezas ou a imagem que sustentaram por muito tempo. Geralmente são pessoas introspectivas, questionadoras, que amadurecem cedo, que sentem o mundo com mais profundidade do que conseguem explicar. Muitas vezes são aquelas que carregam o peso da ancestralidade e que, por isso mesmo, vieram para curar o que ainda sangra nas gerações.

É comum também que essas pessoas, ao longo da vida, sintam que estão fora do lugar — como se não se encaixassem nas estruturas ao redor. Isso acontece porque suas entidades trabalham com um senso de verdade tão elevado que é impossível permanecer onde há mentira, falsidade e prisão. Então, essas Pombagiras chegam para realinhar, reestruturar, reorganizar.

Elas trabalham como quem acende uma vela no escuro: iluminam os cantos, revelam o que estava escondido e mostram, com suavidade, qual é o próximo passo a seguir.

Pontos de força: mirantes, montanhas, topos de morro, cruzeiros (cruzes de pedra, preferencialmente), portais de igrejas, altares cristãos, caminhos de pedra, árvores antigas com raízes expostas, árvore solitária no alto de um morro, céu aberto (principalmente ao amanhecer ou próximo do sol se pôr), clareiras em mata, nascentes de água clara, interior de igrejas silenciosas, pés de figueiras ou de gameleiras, cruzamentos rurais de caminhos de terra, estradas antigas e silenciosas, cemitério dos inocentes, solo de ervas ou flores brancas, cumes de pedra, estátuas religiosas ao ar livre, interior de ermidas.

Esses locais são considerados **pontos de força para firmar Pombagiras que trabalham nessa linha**, pois ali se manifestam o silêncio, a ancestralidade, a luz, a sabedoria e a elevação, características que moldam a energia dessas entidades.

Cores preferenciais: dourado, vermelho ou dourado com vermelho.

Elementos de uso ritualístico: leque branco, leque dourado, penas brancas, pó de ouro, pós perfumados, incensos brancos, incensos suaves, espelho redondo, moedas douradas, pano branco, renda branca, fita branca, fitas douradas, perfume suave, essência de rosas brancas, rosas brancas, calêndulas, lírios brancos, água de rosas, água lustral, água do mar, água de cachoeira, vela branca, vela dourada, pedras translúcidas, cristal branco, quartzo leitoso, selenita, cristal dourado, sal grosso, alfazema branca, perfume de alfazema, talco, colares brancos, colares dourados, coroa dourada, cálice, taça de cristal, conchas brancas, madrepérola, tecido de cetim branco, flores de algodão, bastão ou cetro dourado, cruz dourada, cruz de pau branco, véu branco, sabão de coco (símbolo da limpeza), louça branca, toalha branca rendada, mel, pomba branca (representação), imagem de anjo (quando simbólica), estrela dourada, cera de abelha, sinos pequenos (toques de Oxalá), penas de pavão albinas, pedras de rio (limpas e polidas), coroas de flores brancas, alfazema seca, cristais de sal, pedra da lua, aroma de jasmim, aroma de camomila, aroma de flor de laranjeira, aroma de lavanda.

Dia da semana: segunda-feira.

Alguns nomes que constituem esse grupo são:

- Pombagira Sete Véus;
- Pombagira Sete Estrelas;
- Pombagira Ganga;
- Pombagira Rainha;
- Pombagira Gira Mundo;
- Pombagira das Sombras;
- Pombagira Sete Coroas;
- Pombagira Dama das Sete Capas;
- Pombagira Sete Pembas.

Objetivo das oferendas: Para acalmar o coração, abrir caminhos por meio da paz, restabelecer a fé e favorecer a elevação espiritual. Também podem auxiliar no desbloqueio emocional e reabertura dos caminhos da alma.

Oferenda I

- 1 prato de louça branca ou dourada;
- Padê branco (farinha de mandioca branca com mel e um toque de azeite doce);

- 7 moedas douradas (preferencialmente novas ou reluzentes);
- 1 leque pequeno branco ou dourado (decorativo ou simbólico);
- 3 rosas brancas ou vermelhas, abertas e limpas;
- 1 vela palito branca, 1 vela palito vermelha e 1 vela palito dourada;
- 1 taça com espumante doce ou licor doce;
- 1 ou 3 cigarrilhas;
- Incenso de jasmim ou alfazema (ou ambos);
- Pétalas de lírio ou calêndula, para enfeitar o entorno;
- Um espelho pequeno virado para cima.

Pegue um **prato de louça** limpo e coloque o **padê branco** no centro. Sobre ele, posicione as **sete moedas douradas**, o **leque consagrado** e as **rosas** (podem ser inteiras ou apenas as pétalas). Decore o prato com beleza, do seu jeito, com o que sentir no momento. Ao redor do prato, acenda **três velas formando um triângulo**: uma na parte de cima, uma abaixo à esquerda e outra abaixo à direita. A ordem de acendimento é livre. Ao lado do prato, sirva a **bebida da Pombagira** em uma taça ou um copo que será usado só para isso. Quando tudo estiver pronto, pare por alguns instantes. Respire fundo, chame sua Pombagira com fé, coloque um ponto cantado se desejar e entregue a oferenda com o coração. O importante é sua intenção, a verdade da sua entrega. Confie que ela vai receber.

Oferenda II

- 1 cestinha branca ou dourada;
- 1 maçã verde ou amarela;
- 1 pera;
- 1 cacho pequeno de uvas brancas;
- 7 tâmaras (opcional, para doçura e conexão ancestral);

- Mel ou calda de açúcar com alfazema;
- 3 rosas brancas abertas;
- Pétalas de jasmim ou flor de laranjeira;
- Fitas brancas, vermelhas ou douradas, para enfeitar a cesta;
- 1 vela palito branca, 1 vela palito vermelha e 1 vela palito dourada;
- 1 taça com espumante doce ou licor doce;
- 1 ou 3 cigarrilhas;
- 1 perfume suave borrifado sobre as frutas (como lavanda ou flor de cerejeira).

Forre o fundo da cestinha branca ou dourada com pétalas de jasmim ou flor de laranjeira. Organize dentro dela a maçã, a pera, o cacho de uvas e, se quiser, as sete tâmaras. Regue tudo com mel ou calda de açúcar com alfazema. Decore com as três rosas abertas, encaixadas entre as frutas, e finalize com fitas brancas, vermelhas ou douradas. Borrife um perfume suave sobre os elementos. Ao redor da cesta, acenda as três velas palito (branca, vermelha e dourada), formando um triângulo. Ao lado, posicione a taça com espumante ou licor doce e as cigarrilhas. Depois, chame por sua Pombagira. Silencie por um instante, coloque um ponto de força para tocar e ofereça com verdade, beleza e intenção.

Local de entrega de ambas as oferendas: Em local limpo, silencioso, podendo ser elevado ou no chão. Pode ser um altar doméstico ou um jardim florido próximo à natureza. Evite locais sombrios, encruzilhadas ou cemitérios. Se optar por fazer em casa, deixe no local de um a três dias e descarte tudo no lixo, com exceção dos objetos que podem ser reutilizados, como prato, taça e espelho.

Capítulo 8

Pombagiras das Florestas

As Pombagiras das Florestas não seguem caminhos pavimentados, elas se escondem nas trilhas tortas, nos cheiros da terra molhada, nas folhas que sussurram com o vento. São filhas das matas e senhoras dos mistérios verdes. Mulheres de alma bruxa, de corpo selvagem, de coração curandeiro.

Essas entidades não chegaram aos terreiros pelas avenidas do entendimento comum, vieram com o pé descalço, com a pele marcada pelo tempo, com o olhar aguçado de quem já sobreviveu à caça. Não se apresentam com palavras doces. São mais de cheiro do que de fala, mais de olhar do que de argumento. Quando chegam, tudo silencia. O tambor muda. O vento para. E a floresta, em alguma parte do mundo espiritual, se inclina para ouvi-las.

São espíritos de mulheres que foram caçadas por saberem demais. Bruxas da antiga Europa, parteiras de aldeias, feiticeiras que viveram isoladas por escolha ou por proteção. Mulheres medicinais, selvagens, muitas vezes desacatadas por suas tribos por serem "diferentes demais", porque ouviam a voz das árvores, por saberem curar com um punhado de folhas e um sussurro ao luar.

Essas Pombagiras são guardiãs das forças da floresta. Elas manipulam as energias do reino vegetal como quem borda com fios de cipó. Conhecem os mistérios das folhas, os segredos dos cogumelos, os venenos e os remédios, que muitas vezes são feitos da mesma seiva. São grandes conhecedoras das forças peçonhentas — cobras, aranhas, sapos e toda sorte de animal que carrega o mistério da proteção e do encantamento.

Pombagiras das Matas não se fazem de agradáveis. São intensas, instintivas, viscerais. Seus trejeitos incorporam o espírito da natureza selvagem. Os movimentos são orgânicos, por vezes bruscos, como o som seco de um galho que se parte. Mas tudo nelas tem sentido. Cada gesto é ritual. Cada silêncio, um aviso. Cada sopro, um encantamento.

Elas não chegam para agradar, mas para libertar. Libertar do controle, do excesso de racionalidade, do distanciamento com o próprio instinto. Por isso, quando se manifestam na vida de alguém, costumam provocar rupturas com aquilo que era domesticado. A pessoa começa a se reconectar com seus sentidos, com sua intuição mais crua, com sua ancestralidade mais antiga. Muitas vezes isso é desconfortável — e é para ser, porque essas entidades não atuam na superfície. Elas arrancam o que está enraizado e plantam de novo.

Pessoas que têm uma Pombagira das Florestas costumam carregar consigo uma força bruta difícil de ser explicada. Têm dificuldade em se encaixar em padrões, em seguir regras que não fazem sentido, em aceitar convenções que limitam sua liberdade. São pessoas que têm necessidade profunda de contato com a natureza, mesmo que seja inconscientemente, e, muitas vezes, sentem-se emocionalmente intoxicadas quando passam muito tempo longe dela.

Essas Pombagiras ajudam a restaurar o vínculo da pessoa com seu instinto, com seu corpo, com sua força vital. Reacendem o fogo do desejo de viver e o desejo de se libertar de tudo o que é artificial.

Se sua Pombagira veio das matas, foi para lembrá-la que você não nasceu para viver domesticada. Ela veio libertar a sua natureza, rasgar as roupas do que é falso e recolocar em seu corpo a pele da mulher selvagem que você sempre foi.

Pontos de força: florestas, matas fechadas, clareiras, campinas, montes, trilhas de terra batida, entradas de mata, caminhos ocultos, herbários, hortas, bosques, raízes expostas, árvores frondosas, troncos ocos, brejos, cachoeiras dentro da mata, jardins silvestres, matas virgens, grutas verdes, trilhas de caça, fontes escondidas, bambuzais, caminhos de cipós, pedras cobertas de musgo, sombras frescas da mata, ventos da floresta, cruzamentos naturais de trilhas, pés de árvores medicinais, árvores tortas, chão de folhas secas, pequenos riachos, mata densa, caminhos onde o silêncio impera, moitas e arvoredos sagrados.

Cores preferenciais: dourado, magenta e vermelho.

Elementos de uso ritualístico: rosas do mato, folhas de pitanga, de amora e de jasmim, flores silvestres, cipós, samambaias, raízes doces, frutas vermelhas, vinho de jabuticaba, cachaça com ervas, mel silvestre, sementes de guaraná e de urucum, espelhos de moldura natural, colares de sementes, cristais verdes, ametistas, jaspe vermelha, punhal de madeira, leque de palha, cestaria artesanal, perfume de lavanda, aroma de alfazema, defumador de ervas secas, bastão de alecrim, pó de aroeira, pétalas secas, velas cor de vinho e verdes, garrafadas, chá de dente-de-leão e de hortelã, flor de hibisco, perfume de jasmim, pedra musgosa, tronco esculpido, penas caídas, alfazema em flor, resina de breu-branco e óleo essencial de patchouli.

Dia da semana: segunda-feira.

Algumas falanges que constituem esse grupo são:

- Pombagira da Figueira ou Maria Figueira;
- Pombagira Cobra Negra;
- Pombagira Sete Folhas;
- Pombagira Gato Preto;
- Pombagira das Matas ou Rainha das Matas;
- Pombagira Pantera Negra;
- Pombagira Aranha Negra;
- Pombagira Flor de Lótus;
- Pombagira Raiz Negra;
- Pombagira Sete Cobras ou Sete Serpentes;
- Pombagira Pantera Negra;
- Pombagira Feiticeira;
- Pombagira Bruxa;
- Pombagira Curandeira.

Objetivo das oferendas: para conexão com a força curadora da natureza, reconexão com o corpo, resgate da autoestima, alívio da ansiedade e purificação dos sentimentos negativos. Favorece o reencontro com a própria essência e o despertar intuitivo pela via do Sagrado Feminino.

Oferenda I

- 1 alguidar de barro;
- Farofa de ervas doces com mel (farinha de mandioca, folhas de hortelã, manjericão e erva-doce, generosamente umedecida com mel);
- 7 moedas douradas ou de cobre;
- 1 leque artesanal de palha ou de folhas secas;
- 3 rosas vermelhas;

- 1 vela palito verde, 1 vela palito marrom (ou branca);
- 1 vela palito vermelha;
- 1 taça com licor de jabuticaba, vinho tinto suave, vinho suave ou champanhe *rosé* doce;
- 1 ou 3 cigarrilhas de cravo ou outra com sabor;
- Incenso de ervas (como arruda, alecrim ou capim-limão);
- Pétalas de flores silvestres (hibisco, flor de maracujá ou o que houver no seu entorno);
- Um espelho pequeno com moldura de madeira ou rústica.

Coloque no centro do alguidar a farofa de ervas doces. Sobre ela, disponha o leque consagrado, as sete moedas e as rosas (podem ser inteiras ou despetaladas). Decore como desejar, com leveza e delicadeza, honrando o poder feminino da mata. Ao redor do prato, acenda as três velas, formando um triângulo mágico. De um lado, sirva o licor ou vinho na taça escolhida. Do lado oposto, coloque o espelho virado para cima.

Oferenda II

- 1 cestinha de palha, bambu ou fibra natural;
- 1 cacho pequeno de uvas rosadas;
- 1 banana-da-terra madura;
- 1 maçã vermelha ou verde;
- 1 punhado de castanhas (do pará, caju ou baru);
- 1 colher de melado de cana (ou mel);
- 3 flores silvestres ou do campo (como margarida, hibisco ou cravina);
- Pétalas de rosa amarela ou flores de jasmim;
- Fitas verdes, marrons ou vermelhas. para decorar a cesta;

- 1 vela palito verde, 1 vela palito vermelha e 1 vela palito branca;
- 1 taça com vinho tinto doce ou licor de frutas vermelhas;
- 1 ou 3 cigarrilhas ou cigarro de ervas secas (como artemísia ou alfazema);
- 1 borrifada de perfume amadeirado ou de ervas (opcional).

Forre a cestinha com as pétalas ou flores secas. Posicione cuidadosamente as frutas e as castanhas dentro dela, regando tudo com melado de cana ou mel. Decore com as flores silvestres ou do campo e as fitas em volta. Ao lado, acenda as três velas em formato triangular. Sirva a bebida na taça consagrada e posicione os cigarros.

Local de entrega das duas oferendas: Em locais verdes e vivos, como jardins floridos, clareiras, pés de árvores frondosas, bosques ou pequenos montes. Pode ser em casa, em altar ou no chão decorado com folhas e flores, ou ao ar livre. Se for em casa, deixe de um a três dias e depois descarte na terra, mantendo apenas os itens reutilizáveis.

Capítulo 9

Pombagiras das Encruzilhadas

As Pombagiras das Encruzilhadas são filhas da noite, da rua, do cruzamento de caminhos e de escolhas difíceis. Elas vivem — e sempre viveram — no lugar onde ninguém quer ficar parado, onde tudo é passagem, onde ninguém se detém por muito tempo, mas por onde todos, invariavelmente, precisam passar.

São espíritos que conhecem o movimento da vida como poucos. Sabem que cada escolha abre uma via e fecha outra. Sabem que há dores que só quem vive de esquina em esquina entende. São entidades que se manifestam com uma força inquieta, vibrante, que acorda os sentidos e acende os olhos, pois vieram para quem está cansado de não sair do lugar.

As Pombagiras das Encruzilhadas foram, em vida, andarilhas, boêmias, prostitutas, artistas de cabaré, mulheres envolvidas com homens perigosos, ciganas soltas no mundo, vendedoras de sonhos em noites longas. Muitas viveram às margens da sociedade, porque escolheram ou foram empurradas. Mas todas elas aprenderam ali, na carne e na alma, o preço e a potência de viver com liberdade.

Não pretendemos romantizar a marginalidade, mas reconhecer a sabedoria que só quem sobreviveu à margem pode trazer. Essas entidades não vêm da teoria, e sim da prática. Vêm da sobrevivência, da dor que se torna força, da queda que se transforma em aprendizado, do tropeço que vira dança.

Elas chegam na gira com os pés firmes, como quem sabe por onde andou. Gargalham alto, chamam a atenção. Fumam, bebem, batem a taça na mesa e desafiam quem estiver pronto a se conhecer de verdade. Não falam com rodeios, falam o que precisa ser dito — e, às vezes, o que ninguém teve coragem de ouvir. Mas quem escuta, muda.

Pombagiras das Encruzilhadas lidam com tudo o que está em movimento. Caminhos que se abriram, que se fecharam, que se cruzaram com os de outras pessoas.

Trabalham com destino, com escolha, com liberdade. Elas mostram que não existe vida sem travessia e que, muitas vezes, o que precisamos não é de um novo caminho, mas de coragem para seguir naquele que já está traçado.

Elas também lidam com os vícios, com as dores da noite, com as sombras que a sociedade esconde sob os tapetes da moral. Elas sabem que todo ser humano tem dentro de si um bar escuro, uma ruela sem saída, uma esquina perigosa. E elas entram nesses lugares da alma sem medo, para acender uma vela e mostrar que mesmo ali há espaço para luz.

Essas entidades agem na vida de uma pessoa promovendo movimento. Nada fica estagnado por muito tempo quando uma Pombagira da Encruzilhada se aproxima. Ela sacode, empurra e faz o que for preciso para que você escolha, porque viver sem escolher é morrer devagar.

Pessoas que têm uma Pombagira das Encruzilhadas costumam sentir em si um desejo constante de ir além. Têm um espírito andarilho, uma mente questionadora, uma alma que recusa a acomodação. E quando negam esse movimento, ficam adoecidas, porque essas entidades não toleram estagnação.

Se a sua Pombagira veio das encruzilhadas, saiba: ela não veio para levar você a um destino pronto. Veio lhe dar opções, para lhe ensinar que sua vida muda a partir de uma escolha. Saiba que a maior magia que ela pode fazer por você é lhe dar coragem para decidir.

As ruas são o seu terreiro. Os bares, as esquinas, as boates, os pontos de venda e os becos escuros — todos são lugares de poder, porque é ali que se revelam as verdades que ninguém quer olhar. É de lá que ela vem, trazendo a sabedoria de quem já perdeu tudo — e, ainda assim, levantou-se com dignidade.

Ela é ousada.

Ela é direta.

Ela é justa.

E se você der ouvidos, ela lhe mostra o caminho para encontrar sua própria liberdade.

Pontos de força: encruzilhadas, ruas desertas, esquinas movimentadas, vielas, rodoviárias, portas de bares, entradas de boates, frente de prostíbulos, morros, vielas de comunidades, cemitérios urbanos, becos, cruzamentos de estradas, mercados de rua, coretos de praça, pontos de ônibus abandonados, praças públicas, trilhos de trem, pontos de táxi, ferros-velhos, zonas boêmias, calçadas largas, avenidas centrais, terrenos baldios, sob viadutos, armazéns antigos, cruz de rua, entradas de favelas.

Cores preferenciais: vermelho, dourado e preto.

Elementos de uso ritualístico: charutos, cigarros, vinho tinto, cachaça, champanhe *rosé*, cerveja escura, rosas vermelhas, cravos vermelhos, perfumes adocicados, batons vermelhos, espelhos pequenos, moedas douradas, cartas de baralho, dados, pentes, pulseiras douradas, brincos de argola, lenços vermelhos, leques, sapatos de salto alto, rendas pretas, bijuterias brilhantes, imagens de Pombagira, velas vermelhas, pretas e douradas, punhal, navalha, faca.

Dia da semana: segunda-feira.

Alguns nomes que constituem esse grupo são:

- Pombagira Cigana;
- Pombagira da Lira ou Sete Liras;
- Pombagira da Estrada;
- Pombagira Sete Encruzilhadas;
- Pombagira dos Caminhos;
- Pombagira Sete Chaves;
- Pombagira Sete Facadas;
- Pombagira Maria Navalha ou Navalhada;
- Pombagira do Cabaré ou Rainha do Cabaré;
- Pombagira Sete Saias;
- Pombagira dos Punhais;
- Pombagira Rosa da Madrugada;
- Pombagira Sete Tridentes;
- Maria Padilha do Cabaré;
- Menina do Cabaré.

Objetivo das oferendas: Para abrir caminhos afetivos e materiais, fortalecer o poder pessoal, limpar mágoas do passado e recuperar o brilho interior. Atua nos bloqueios causados por relações desequilibradas, autossabotagem e perda da autoestima. Também favorece a reconquista do prazer de viver e de se amar. Pode contribuir para atrair alegria, desbloquear caminhos relacionados à sensualidade, à liberdade de expressão, ao magnetismo pessoal e ao sucesso nas relações sociais e profissionais. Indicada para momentos em que a pessoa se sente apagada, retraída ou desconectada de seu poder de sedução e encanto pessoal.

Oferenda I

- 1 alguidar de barro;
- Padê amarelo com groselha (farinha de milho amarela bem úmida, misturada com groselha);
- 7 corações de galinha temperados e fritos no dendê;
- 7 morangos frescos;
- Raspas ou pedacinhos de chocolate meio amargo;
- 7 moedas douradas;
- 1 leque;
- 3 ou 7 rosas vermelhas inteiras ou pétalas para decorar;
- Mel para regar a oferenda;
- 1 vela palito preta, 1 vela palito vermelha e 1 vela palito dourada;
- 1 taça com vinho doce, licor ou champanhe;
- 7 cigarros de filtro vermelho ou cigarrilhas;
- Incenso de canela, mirra ou patchouli.

No alguidar, coloque a farinha e a groselha e misture a farinha com a mão, formando o padê. Sobre ele, disponha o coração de galinha ao centro, os morangos nas bordas, e decore com raspas de chocolate. Regue com mel. Posicione as moedas, o leque e as rosas como desejar. Ao redor do prato, forme um triângulo com as três velas. Ao lado, coloque a taça com a bebida e acenda o incenso. Firme a intenção com um chamado mental à sua Pombagira e, se desejar, entoe pontos cantados ou fale espontaneamente com sua entidade.

Oferenda II

- 1 bandeja espelhada ou 1 prato de vidro;
- 1 pedaço de bolo de chocolate com cobertura (caseiro ou comprado, mas com intenção amorosa);
- 1 rosa vermelha e 1 rosa preta (natural ou artificial);
- 3 morangos mergulhados no mel;
- 1 colher de groselha ou calda de frutas vermelhas;
- Paetês, lantejoulas ou *glitter* dourado (opcional, para simbolizar brilho e magnetismo);
- 7 moedas douradas ou prateadas;
- 1 anel simbólico (bijuteria, pode ser consagrado e depois reutilizado);
- 1 espelho de bolso pequeno;
- 1 vela palito vermelha, 1 vela palito preta e 1 vela palito dourada
- 1 taça com espumante doce ou batida de frutas;
- 1 cigarro ou cigarrilha saborizada;
- Perfume doce e marcante (um jato na bandeja como sinal de oferenda).

Na bandeja espelhada, coloque o bolo ao centro. Decore com os morangos, a calda, as flores e as moedas. Adicione o anel e o espelho virado para cima. Salpique *glitter* ou paetês ao redor, evocando o brilho da noite. Coloque a taça e o cigarro ao lado. Acenda as três velas em triângulo, ao redor do prato, e mentalize sua intenção de empoderamento e reconexão com seu charme, sua verdade e sua expressão livre.

Local de entrega das duas oferendas: Na rua (em segurança), próximo a bares, praças ou lugares urbanos que simbolizem o cruzamento de experiências humanas. Em encruzilhadas (de preferência em Y), ruas de pouco movimento, esquinas simbólicas (internamente ou ao ar livre) ou próximo a portões de ferro, entradas de caminhos ou espaços com bifurcações. Pode ser feita também em altar pessoal, por até três dias, antes de ser recolhida e desfeita com respeito.

Capítulo 10

Pombagiras do Fogo

As Pombagiras do Fogo são chamas vivas em forma de espírito. Incendiárias da alma, despertam o que está adormecido, reacendem o que foi apagado e consomem, com sua presença, tudo o que já não serve mais. São entidades que vibram no mistério da transformação — esse mesmo fogo que purifica e destrói, mas também ilumina, aquece, cozinha e forja.

Elas caminham nos domínios da Orixá Iansã, senhora dos ventos e das tempestades, mas também do fogo que transforma. Também se manifestam sob a regência de Xangô, o Orixá da justiça e da pedra incandescente, aquele que sabe fazer arder a verdade. São, portanto, entidades que carregam uma pulsação justa e impetuosa. Não admitem mentira, covardia ou inércia. Sua presença nos gira, nos sacode e nos empurra para a frente. É justamente por isso que tantos a temem... pois elas exigem movimento. Exigem coragem.

As Pombagiras do Fogo são intensas. Elas falam alto, posicionam-se sem medo, tomam o centro da roda quando chegam. São daquelas que chegam iluminando o ambiente inteiro com sua luz rubra, quente, seca. A presença delas é quase física, palpável, e mesmo que não digam uma só palavra, sentimos em nossa pele quando se aproximam. É como um calor súbito que nos invade e nos faz prestar atenção.

Elas atuam nos campos da verdade interior, do empoderamento pessoal e da quebra das amarras que nos limitam. Queimam o medo, o apego e a dúvida. Por isso mesmo, não raro, são elas que surgem na vida da pessoa no momento em que ela está prestes a romper com velhos padrões. Quando alguém começa a questionar relações, trabalhos, promessas, posturas, é sinal de que uma Pombagira do Fogo está se aproximando.

É importante saber que elas não são entidades fáceis de lidar, não por serem violentas ou impacientes, mas porque sua missão não é agradar. Elas não estão ali para consolar ilusões ou reforçar zonas de conforto, mas sim para cutucar, provocar, fazer a gente olhar no espelho e, enfim, se reconhecer. Muitas vezes, esse reconhecimento vem com dor, vergonha ou resistência, mas é exatamente esse o primeiro passo da liberdade.

Essas Pombagiras também guardam forte ligação com os mistérios alquímicos. São verdadeiras magas do fogo, conhecedoras dos encantamentos que exigem calor, os quais dependem do ponto certo da fervura espiritual. Sabem cozinhar o tempo, transformar raiva em força, desejo em ação e impulso em propósito. São exímias manipuladoras de velas, brasas, pedras quentes e elementos incandescentes da natureza. Trabalham com os elementais do fogo e com os encantados que guardam esse reino invisível, muitas vezes invocando forças que fogem à compreensão racional, mas que são sentidas na pele por quem vive suas transformações.

No trato com seus protegidos, podem ser intensas, firmes, diretas. Mas isso não significa ausência de amor; pelo contrário, elas amam com tanta verdade que não suportam ver alguém se diminuindo. Se for preciso, quebram o espelho, derrubam a parede, gritam no terreiro, mas nunca abandonam. Se você ganhou a proteção de uma Pombagira do Fogo, saiba que também carrega dentro de si essa centelha. Ela está aí. Talvez pequena, quase apagada, mas ela está. O papel dessa entidade é fazer com que você volte a se incendiar.

Costumam acompanhar pessoas que precisam retomar o próprio poder, reconectar-se com sua essência e reerguer sua autoestima. Trabalham na cura das humilhações, das opressões, das repressões sexuais, da vergonha do próprio corpo e da culpa herdada. São mestres em acender de novo o desejo de viver.

Ao lado de uma Pombagira do Fogo, você dificilmente será o mesmo. Mas, com certeza, será mais você.

Pontos de força: pedreiras, cachoeiras com queda forte, pedras quentes, fogueiras ritualísticas, mirantes voltados para tempestades, encruzilhadas, vulcões adormecidos, brasas acesas, pedras vulcânicas, fornalhas, ferrarias antigas, lareiras, montanhas rochosas, desertos, paredões de pedra, fragmentos de raio, locais de justiça popular, praças de tribunal, centros urbanos agitados, telhados sob o pôr do sol, árvores queimadas pelo raio.

Cores preferenciais: vermelho, laranja, amarelo e dourado.

Elementos de uso ritualístico: pimentas vermelhas, cravos-da-índia, canela em pau, noz-moscada ralada, carvão em brasa, pó de enxofre, folhas de eucalipto seco, rosas vermelhas, pétalas de girassol seco, hibisco, casca de alho seco, alfazema em grãos, alecrim, casca de laranja seca, velas vermelha, laranja, dourada e amarela, essências de fogo (canela, cravo, mirra), pó de anis-estrelado, folhas de mamona seca, garrafinhas de pimenta curtida, punhal de metal, espelho com moldura de ferro, pedras de quartzo laranja, granada e jaspe vermelho, cigarros de cravo, pulseiras de metal dourado, anéis largos vermelhos ou dourados, tecidos em chita estampada cor cores quentes, colares de contas laranja e vermelho.

Dia da semana: segunda-feira.

Alguns nomes que constituem este grupo são:

- Pombagira do Fogo;
- Pombagira da Montanha;
- Pombagira Maria Serra Negra;
- Pombagira Pedra Preta;
- Pombagira Sete Faíscas;
- Pombagira Maria Brasa;
- Pombagira Pinga-Fogo;
- Pombagira Labareda;
- Pombagira Rainha;
- Pombagira do Inferno ou Rainha do Inferno;
- Pombagira do Cabaré ou Rainha do Cabaré;
- Pombagira Ventania ou Tempestade;
- Pombagira dos Raios ou Sete Raios;
- Pombagira Rosa dos Ventos;
- Pombagira de Minas;
- Pombagira Rosa Vermelha;
- Pombagira Sete Saias.

Objetivo das oferendas: Para transmutar dores, romper padrões limitantes e acelerar processos de mudança profunda. Atuam como catalisadoras espirituais, movimentando o campo energético da pessoa com rapidez. São indicadas para momentos em que é necessário deixar o passado para trás, abrir novos caminhos com força e cortar relações espirituais, emocionais ou mentais que aprisionam. Também ajudam a despertar o poder de decisão, a clareza sobre o que precisa ser feito e a coragem para assumir seu próprio trono, mesmo diante do caos. Essas oferendas fortalecem a presença espiritual da Pombagira, queimam miasmas e energias densas, reacendem a luz interior e ativam a proteção contra ataques espirituais. São altamente recomendadas em situações de opressão, silenciamento, medo, repressão da expressão pessoal, raiva acumulada e injustiças.

Oferenda I

- 1 alguidar de barro;
- Farofa úmida de dendê com pimenta (farinha de milho, dendê e pimentas vermelhas);
- 3 bifes de fígado bem temperados e selados no dendê;
- 1 pedra jaspe vermelha ou granada;
- 1 punhal;
- 7 pimentas vermelhas;
- Pedaços de gengibre e canela;
- 1 leque de penas (ou leque vermelho se não houver de penas);
- 3 ou 7 cravos vermelhos ou rosas vermelhas;
- Mel;
- 1 vela palito vermelha, 1 vela palito laranja e 1 vela palito dourada;
- 1 taça com *whisky* ou licor (qualquer um);
- 1 charuto, 3 cigarrilhas ou 3 cigarros de filtro vermelho;
- Incenso de mirra, sândalo ou patchouli.

No alguidar, misture a farinha com o dendê. Sobre ela, acomode os bifes de fígado e decore com as pimentas e os pedaços de gengibre e canela. Posicione a pedra e o punhal no centro. Ao redor, insira os cravos ou rosas, o leque e espalhe mel sobre a oferenda. Ao lado, posicione a taça com a bebida, o charuto e acenda o incenso. As velas devem formar um triângulo ao redor do prato. Mentalize sua entrega, firme seu desejo de transformação e invoque sua Pombagira com devoção e sinceridade.

Oferenda II

- 1 bandeja dourada, de vidro ou espelhada;
- 1 fatia de bolo de fubá com erva-doce (ou bolo de canela);
- 7 pimentas dedo-de-moça abertas e preenchidas com mel;
- 3 pedaços pequenos de carvão vegetal;
- Paetês ou *glitter* vermelho e dourado (opcional);
- 7 moedas douradas;
- 1 colar ou adorno dourado (pode ser bijuteria consagrada);
- 1 espelho pequeno;
- 1 leque pequeno ou símbolo de vento (pena, cata-vento, etc.);
- 1 vela vermelha, 1 vela laranja e 1 vela dourada;
- 1 taça com licor de gengibre ou espumante doce;
- 1 cigarrilha ou cigarro de cravo;
- 1 perfume forte.

Na bandeja, disponha o bolo ao centro. Decore com a pimenta aberta com mel, o carvão, as moedas e o espelho voltado para cima. Posicione o adorno dourado e o leque. Se desejar, salpique paetês ou *glitter*. Ao lado, coloque a taça com bebida e o cigarro. As velas devem ser dispostas em triângulo ao redor. Ao finalizar, borrife o perfume sobre a oferenda como símbolo da ativação do poder. Fique em silêncio por alguns instantes, sentindo a conexão com sua entidade.

Local de entrega das duas oferendas: Em pedras quentes expostas ao sol, lajes, clareiras abertas, trilhas secas, topos de morros, locais altos com vento forte ou em lareiras, fogueiras (com segurança) ou altares. Também podem ser feitas em casa, em local ventilado, sobre altar com velas ou no chão, deixando de um a três dias. Após esse período, desfaça a oferenda, enterrando ou descartando os elementos no próprio lixo comum.

Capítulo 11

Pombagiras das Almas

Se tem uma linha de Pombagiras que caminha em silêncio, mas com o peso do mundo inteiro nas costas, é a linha das Pombagiras das Almas. Falar delas é como acender uma vela no meio da noite: tudo fica mais quieto, mais lento, mais verdadeiro.

Não se tratam de entidades que chegam fazendo alarde. Elas não têm pressa nem necessidade de provar nada para ninguém. São senhoras do tempo, espíritos velhos, como costumamos dizer no meio umbandista. Velhos não por idade, mas por sabedoria, por experiências acumuladas, por cicatrizes atravessadas. Carregam o olhar de quem já viu muito, morreu algumas vezes e renasceu outras tantas; por isso, sabem exatamente onde a alma humana adoece... e como ela pode se curar.

Essas Pombagiras são a ponte entre o que está aqui e o que está do lado de lá. Elas não pertencem mais a esse mundo, mas também não o abandonaram completamente. Habitantes do limiar entre os planos, são guardiãs dos mistérios que se escondem por trás da morte, dos ciclos que se encerram, das dores que não conseguimos nomear.

Trabalham onde o corpo repousa: no silêncio dos cemitérios, no sopro que vem do mar à noite, no peso das pedras nas encruzilhadas antigas. São senhoras da despedida e da travessia. Vibram nas forças de Obaluaiê e Omolu — Orixás que ensinam que morrer não é o fim, e sim o início de outra jornada.

Sob esse mistério, elas atuam como grandes feiticeiras espirituais, guiando quem está perdido, acolhendo quem está partindo e limpando o que precisa ser deixado para trás.

Quando uma Pombagira das Almas aparece na vida de alguém, é porque um chamado profundo está ecoando. Um chamado da ancestralidade, dos que vieram antes, dos que estão do lado de lá esperando para serem vistos, reconhecidos ou libertos. Ela chega para ensinar sobre responsabilidade espiritual, maturidade emocional e a importância de encerrar o que precisa ser encerrado. Às vezes, isso representa fazer as pazes com um passado pesado; outras vezes, aceitar que uma fase chegou ao fim. E, quase sempre, significa renascer — mais forte, mais lúcido, mais inteiro.

Suas expressões são mais firmes; suas palavras, mais pausadas. Mas basta um toque, um olhar, uma vela acesa, e tudo dentro de você começa a mudar. Elas não vêm perfumar a vida com flores, mas sim com verdade; por isso, muitas vezes, são mal compreendidas. Mas para quem se abre, para quem aceita esse mergulho mais profundo, a recompensa é grandiosa: um reencontro consigo mesmo e com a própria alma.

Costumo dizer que essas Pombagiras são como guardiãs da fronteira; elas sabem o que se passa entre os mundos, por isso são tão preciosas. Quando reconhecemos uma delas ao nosso lado, é sinal de que algo muito sério e transformador ela tem para nos proporcionar ao longo dessa encarnação.

Pontos de força: cemitérios, cruzeiros das almas, calunga pequena, calunga grande, campos-santos, praias desertas, túmulos antigos, ruínas, grutas, grotas, pedreiras silenciosas, entradas de mata fechada, árvores centenárias, raízes expostas, encruzilhadas de terra batida, altares esquecidos, lugares de silêncio absoluto, caminhos abandonados, portais de passagem, vielas silenciosas, covas rasas, igrejas antigas, escadarias de pedra, jardins de repouso, curvas de estrada, travessias.

Cores preferenciais: vermelho, lilás, roxo e preto.

Elementos de uso ritualístico: velas roxas, pretas e brancas, rosas roxas, negras e brancas, folhas de alfazema, manjericão roxo, artemísia, losna, arruda, guiné, cipó-mil-homens, carvão, cinzas, terra de cemitério, água de mar, água de chuva, água de flor de laranjeira, perfume de jasmim, cravo-da-índia, anis-estrelado, bebidas escuras, vinho tinto seco, licor de jenipapo, marafo, moedas antigas, espelhos opacos, caveiras decorativas, tecidos aveludados, rendas brancas e negras, colares escuros, pedrinhas de rio, cristais escuros, ametista, obsidiana, ônix, turmalina negra, potes de cerâmica, caixas antigas e taças de cristal fosco.

Dia da semana: segunda-feira.

Alguns nomes que constituem esse grupo são:

- Pombagira Cacurucaia;
- Pombagira das Almas;
- Pombagira do Cemitério;
- Pombagira Sete Cruzes;
- Pombagira Maria do Cruzeiro;
- Pombagira Curadora;
- Pombagira Sete Porteiras;
- Pombagira Rezadora;
- Pombagira Mirongueira;
- Pombagira Sete Chaves;
- Pombagira Rainha do Cemitério;

- Pombagira Rosa Caveira;
- Pombagira Rosa Negra;
- Pombagira das Sete Catacumbas;
- Pombagira Maria Caveira;
- Pombagira Rainha da Morte;
- Pombagira Maria Mulambo ou Molambo;
- Pombagira Maria Farrapo;
- Pombagira da Meia-Noite;
- Pombagira Dama da Noite;
- Pombagira Sete Covas;
- Pombagira Mirim;
- Pombagira da Calunga.

Objetivo das oferendas: As oferendas às Pombagiras das Almas têm como propósito ativar o poder de renascimento interior, fortalecer a conexão com os ancestrais e acessar sabedorias espirituais profundas. São indicadas para momentos em que a pessoa se sente perdida, sem rumo, com sensação de vazio ou de ciclos que insistem em se repetir. Também são eficazes em processos de luto, encerramento de ciclos cármicos, purificação de medos enraizados e libertação de laços espirituais com o passado. Essas oferendas auxiliam a fortalecer a mediunidade, abrir os canais de percepção e trazer cura emocional em nível profundo. Atuam como um chamado às forças do outro mundo para guiar, proteger e realinhar a vida com o destino da alma. São especialmente recomendadas também para quebra de magias negativas e afastamento de espíritos sofredores e obsessores.

Oferenda I

- 1 prato fundo de louça branca ou alguidar de barro;
- 1 porção de arroz-doce com cravo e canela;
- 7 rosas roxas ou brancas (ou pétalas misturadas);

- 1 pedra ametista ou obsidiana;
- 1 pedaço de carvão vegetal;
- 7 moedas antigas ou enferrujadas;
- 1 espelho pequeno;
- 1 tecido de veludo roxo ou preto;
- 1 taça com vinho tinto seco;
- 1 cigarro de filtro branco ou cigarrilha;
- Incenso de jasmim, mirra ou benjoim;
- 1 vela palito branca, 1 vela palito roxa e 1 vela palito preta.

No prato (ou alguidar), acomode o arroz-doce e decore-o com as pétalas, as moedas, a pedra e o carvão. Sobre ele, coloque o espelho de maneira que reflita o alto. Envolva a base do prato com o tecido escuro. Ao lado, disponha a taça com vinho, o cigarro e o incenso acesos. As velas devem ser acesas em triângulo, ao redor da oferenda. Durante a montagem, mentalize o fim dos ciclos que já não servem mais, peça clareza para tomar decisões e visualize sua alma sendo fortalecida pela presença de sua Pombagira.

Oferenda II – Para fortalecimento mediúnico e reconexão ancestral

- 1 alguidar de barro;
- 1 pão de mel (ou bolo escuro com especiarias);
- 1 punhado de folhas secas (alfazema, artemísia, losna ou arruda);
- Pipoca estourada no azeite doce ou dendê;
- 3 velas roxas ou bicolor preta com branca;
- 1 perfume de lavanda ou patchouli;
- 1 taça com licor de jenipapo ou vinho licoroso;
- 1 incenso de mirra, lavanda ou palo santo.

Preencha o alguidar com as pipocas e, no centro, por cima delas, coloque o pão de mel. Ao redor, distribua as folhas secas e as rosas. Ao lado, coloque a taça com bebida e o incenso. Borrife o perfume sobre o alguidar e acenda a vela no canto esquerdo. Essa oferenda é especialmente indicada para noites de lua minguante ou dias silenciosos. Ao oferecer, sente-se diante da oferenda para se conectar com sua entidade; silencie e permita-se ouvir — não com os ouvidos, mas com o corpo e a alma.

Locais de entrega das oferendas: As oferendas podem ser entregues **em cemitérios (com cuidado, respeito e permissão espiritual), em entradas de mata fechada, locais silenciosos, no pé de árvores antigas, em cruzes solitárias, praças antigas, na beira do mar durante a noite, em grutas ou no próprio altar da casa**. Quando realizadas em casa, devem ser deixadas de um a três dias. Após esse período, descarte os elementos de forma consciente, preferencialmente enterrando-os ou descartando-os no lixo comum.

Capítulo 12

Pombagiras das Águas

Entre todas as manifestações de Pombagira, aquelas que pertencem às linhas das águas são, talvez, as que mais nos convidam à sensibilidade e à profundidade emocional. São entidades que trazem em si o mistério das águas doces, salgadas e ancestrais — fluindo pelos caminhos de Iemanjá, Oxum e Nanã, ou também se manifestando a partir de outras divindades aquáticas que regem os rios, os mares, os lagos e os pântanos. Não se trata apenas de beleza e doçura, como alguns poderiam imaginar à primeira vista. As Pombagiras das Águas carregam em si um poder ancestral que sabe não só lavar, curar e acalmar, mas também destruir, afogar e levar o que não serve mais.

Suas manifestações costumam ser elegantes, mas carregadas de magnetismo. São entidades que sabem entrar no silêncio da alma, tocar aquilo que a gente esconde até de nós mesmos e trazer à tona memórias, traumas, paixões e desejos esquecidos. Elas atuam especialmente nos campos da emoção e da afetividade. Trabalham a autoestima, o amor-próprio, a sexualidade, os vínculos, os afetos adoecidos, as carências que geram dependência e tudo aquilo que impede alguém de fluir com leveza pelos rios da vida.

Costumam manifestar-se com gestos suaves, com uma presença que domina o ambiente. Algumas trazem a serenidade de Oxum, outras o mistério silencioso de Nanã, e outras ainda a imponência de Iemanjá. Há, entre elas, aquelas que foram mulheres de grande sabedoria emocional, mães, parteiras, benzedeiras, e também as que viveram grandes paixões e desilusões, cujas experiências humanas as capacitaram a compreender o universo afetivo com profundidade rara.

Ao contrário do que muitos pensam, a água não é frágil. Ela molda rochas, alimenta a terra, movimenta continentes. Assim são essas entidades: flexíveis, mas firmes; doces, mas decididas. Elas sabem quando consolar, mas também quando provocar o mergulho necessário para a transformação. São entidades que trabalham muito com o inconsciente; por isso, é comum que sua presença venha acompanhada de sonhos simbólicos, intuições mais aguçadas e limpezas emocionais intensas.

Se uma dessas Pombagiras cruza o caminho de alguém, certamente é porque há necessidade de curar as águas internas. Elas vêm para abrir caminhos de afeto, ensinar sobre o amor que não aprisiona, despertar o prazer de viver sem culpa e libertar o coração das algemas do passado. Sobretudo, vêm para lembrar que, assim como o mar, a alma da mulher — e do ser humano — também precisa de espaço para ser imensa.

Pontos de força: praias, margens de rio, cachoeiras, fontes naturais, lagos, lagoas, espelhos d'água, nascentes, estuários, corredeiras, beira-mar, beira de mangue, portos, mar aberto, enseadas, pântanos, ilhas, ilhotas, canais, foz dos rios, confluência de águas, marés, chuva forte, poços naturais, curvas de rio, valas d'água, quedas-d'água, leitos de rio seco.

Cores preferenciais: azul (todos os tons), vermelho, rosa, violeta, prata, dourado.

Elementos de fundamento: conchas, búzios, pérolas, pedras azuis, cristais transparentes, espelhos, taças de vidro, perfumes florais, águas perfumadas, sabonetes finos, essências de rosas brancas, sabonetes de ervas, águas de colônia, lenços de seda, leques delicados, pentes, rosas brancas, lírios, flores de lótus, champanhe, vinho branco, espumante, águas do mar, águas de cachoeira, águas de rio, águas de chuva, velas brancas, velas azuis, velas prateadas, águas com anis e toalhas brancas rendadas.

Dia da semana: segunda-feira.

Alguns nomes que constituem este grupo são:

- Pombagira Rosa Maria;
- Pombagira Maria Padilha;
- Pombagira Maria Quitéria;
- Pombagira Maria Madalena;
- Pombagira Maria Bonita;
- Pombagira Maria da Praia;
- Pombagira Maria Dolores;
- Pombagira Maria do Cais;
- Pombagira Maria Eulália;
- Pombagira das Sete Ondas;
- Pombagira das Rosas;
- Pombagira Rosa Vermelha;
- Pombagira Menina;
- Pombagira Sete Saias;
- Pombagira do Lodo;
- Pombagira da Lua;
- Pombagira Rosa Morena;
- Pombagira Sete Mares;

- Pombagira dos Encantos;
- Pombagira Feiticeira;
- Pombagira Bruxa.

Objetivo das oferendas: Essas oferendas são indicadas para momentos em que é necessário **curar emoções profundas**, **limpar cargas ancestrais**, **acalmar dores afetivas**, **resgatar o amor-próprio** e **reconectar-se com a própria sensibilidade espiritual**. As Pombagiras das Águas atuam sobre as camadas mais sutis da alma, dissolvendo mágoas, suavizando ressentimentos e restaurando a capacidade de amar com inteireza.

São poderosas aliadas nos processos de perdão, reconciliação interior, conexão com a ancestralidade feminina e expansão da intuição. Trabalham a limpeza espiritual das águas do corpo, removendo miasmas, memórias impregnadas, sofrimentos enraizados e traumas emocionais.

Suas oferendas são indicadas para mulheres e homens que vivem **processos de término, abandono, rejeição, carência, tristeza, dependência emocional** ou que desejam apenas **suavizar a alma e abrir-se ao amor de forma mais livre e curada**.

Oferenda I

- 1 alguidar de barro;
- Farinha de milho;
- Camarão refogado no azeite de oliva;
- Mel;
- 1 espelho pequeno;
- 1 sabonete de ervas (lavanda, alfazema, rosas ou camomila);
- 3 ou 7 rosas brancas, rosas ou vermelhas;

- 1 punhado de sal grosso com açúcar cristal (misturados);
- 1 quartzo rosa (ou pedra da lua);
- 7 conchinhas pequenas (ou búzios);
- 1 perfume floral (que você goste e use);
- 1 taça com champanhe *rosé* ou licor doce;
- 1 vela palito branca, 1 vela palito azul clara e 1 vela palito rosa;
- 3 cigarros de cravo ou 3 cigarrilhas;
- Incenso perfumado da sua preferência.

No alguidar, misture a farinha com o mel e deixe ela úmida por inteira. Distribua os camarões por cima. Acomode o espelho virado para cima com o sabonete sobre ele dentro do alguidar. Por cima, espalhe as pétalas das rosas, os búzios e a pedra. Polvilhe com a mistura de sal grosso e açúcar, representando o equilíbrio entre doçura e proteção.

Ao lado, coloque a taça com bebida e os cigarros acesos. Acenda o incenso e as velas formando um triângulo ao redor do prato (uma vela em cima, uma à esquerda, embaixo, e outra à direita, embaixo).

Por fim, borrife o perfume sobre todos os elementos, como se fosse um sopro de amor. Silencie por alguns minutos e invoque sua Pombagira das Águas com carinho. Permita-se sentir sua presença. Peça que ela leve embora as dores que não lhe servem mais e lhe traga aquilo que seu coração mais precisa.

Oferenda II

- 1 bandeja espelhada ou azul (pode ser de vidro também);
- 1 sabonete de glicerina com essência floral (ou de rosas);

- 1 vela de sete dias, branca (ou azul clara);
- Pétalas de rosa cor-de-rosa e jasmim fresco;
- 1 pequeno pote de mel;
- 1 colar ou bijuteria prateada;
- 1 leque branco ou azul-claro (ou símbolo de água: concha, gota, pena branca);
- 7 moedas prateadas;
- 1 frasco com água de cheiro (alfazema, lavanda ou essência pessoal);
- 1 cigarro de filtro branco ou cigarro de ervas (camomila, rosa, lavanda);
- Incenso de lírio, benjoim ou violeta.

Na bandeja, coloque a vela de sete dias ao centro. Ao redor, posicione o sabonete, o pote com mel, as moedas e o colar. Distribua as pétalas delicadamente sobre toda a bandeja. Inclua o leque ou símbolo de água escolhido. Coloque ao lado o frasco com água de cheiro e o cigarro. Acenda o incenso. Borrife a água de cheiro por toda a oferenda, ativando o campo espiritual e despertando a presença da sua Pombagira das Águas. Permaneça alguns minutos sentindo sua vibração. Essa oferenda trabalha o encantamento, a regeneração e o resgate do poder de amar — começando por você mesma.

Locais indicados para a entrega das oferendas: As oferendas das Pombagiras das Águas devem ser feitas **em margens de rios, lagos, cachoeiras, fontes, praias, nascentes ou poços de água natural**. Em casa, podem ser preparadas sobre um altar com jarros d'água ou próximas de fontes decorativas. Deixe de um a três dias e depois desfaça com respeito, jogando as pétalas na água corrente, enterrando o restante ou descartando no lixo comum — sempre com agradecimento.

Capítulo 13

Significado dos Nomes das Pombagiras

Vimos até aqui as egrégoras que sustentam as Pombagiras, bem como falamos sobre a força regente que dá fundamento a essas falanges. Agora é o momento de ir mais a fundo nessa jornada e olhar para cada uma dessas falanges de maneira mais próxima, entendendo suas características, seus símbolos e a maneira como se manifestam.

As falanges são como famílias espirituais. Cada uma delas guarda uma expressão própria do mistério feminino que Pombagira revela, mas todas se entrelaçam dentro de um mesmo propósito: libertar, ensinar e despertar no ser humano a consciência de quem ele é. Por isso, ao longo da história, as Pombagiras receberam nomes, títulos e formas de se apresentar que carregam símbolos muito mais profundos do que aquilo que parece à primeira vista.

Cada nome, cada apresentação, não é apenas uma formalidade espiritual, mas um **código simbólico**. Ele revela pistas do arquétipo daquela entidade, do campo em que atua, do que carrega como sabedoria e do que pode oferecer a quem caminha com ela. É um nome que fala de destino, de histórias entrelaçadas, de aprendizados espirituais que atravessam vidas. É também um nome de poder — que protege a essência daquela entidade e, ao mesmo tempo, abre um portal de reconhecimento para aqueles que estão prontos a se conectar com seu mistério.

Por isso, antes de entrar nos detalhes, é importante ter em mente que **o nome de uma Pombagira não define o Orixá de cabeça do médium, nem deve ser limitado a interpretações rasas ou literais**. O nome é simbólico, espiritual e carrega chaves que só podem ser compreendidas quando olhamos para o conjunto da obra, para a energia que ela manifesta e para a transformação que ela realiza em nossas vidas.

Quando a Pombagira chega até alguém, ela não vem apenas para proteger, mas também para ensinar, guiar e mostrar no espelho da alma aquilo que precisa ser encarado. Muitas vezes, esse espírito já caminhou conosco em outras vidas, fazendo parte da nossa família ancestral. Outras vezes, chega para cumprir uma missão específica, alinhar um destino ou despertar uma força que estava adormecida.

As Pombagiras não estão presas aos rótulos da sociedade. Elas não se reduzem a caricaturas de vingança, destruição ou medo. Ao contrário: são mestras do feminino profundo, guardiãs da alma, espíritos que carregam em si a força da vida, do amor e da liberdade. Elas podem ser acolhedoras como mães, firmes como mestras ou incisivas como guardiãs que puxam nossa orelha quando estamos fora do eixo.

Agora, o que nos interessa é olhar para cada falange, entender como se manifesta, quais símbolos carrega e o que pode representar em nossas vidas. Veremos as **Padilhas**, com sua imponência e mistério ancestral; as **Mulambos**, que nos ensinam a lidar com o que foi rejeitado e esquecido; as **Rosas**, que trabalham a beleza e o magnetismo; as **Ciganas**, com sua liberdade e intuição; as **Rainhas**, com sua altivez e soberania; entre tantas outras.

A partir daqui, vamos percorrer as principais falanges, sempre com o olhar voltado para suas características mais marcantes, seus símbolos de poder e o aprendizado que trazem ao médium e ao consulente.

Prepare-se, porque cada nome é um universo, e cada falange, um espelho. Talvez, ao se reconhecer em uma delas, você descubra muito mais sobre si mesma do que imagina.

Maria Padilha (e suas variações)

O nome "Padilha" remete diretamente a uma figura histórica real: **Maria de Padilla**, nobre castelhana do século XIV, amante (e posteriormente considerada esposa legítima) do rei Pedro I de Castela. Ela foi conhecida por sua influência política, sua beleza e, principalmente, por ser uma mulher de grande inteligência e poder de articulação em uma sociedade extremamente patriarcal. Não era rainha de direito, mas foi tratada como tal após sua morte. Essa personagem histórica passou a simbolizar a mulher que governa mesmo sem coroa visível.

Ao chegar ao Brasil Colonial, por meio das influências ibéricas e da cultura popular, o nome "Padilha" misturou-se ao imaginário coletivo de mulheres poderosas, misteriosas e, muitas vezes, temidas. Com o tempo, "Maria Padilha" tornou-se um arquétipo espiritual, um símbolo da mulher empoderada, conhecedora dos segredos do amor, da magia e do destino.

Maria Padilha carrega simbolismos profundos ligados ao **Feminino Sagrado, ao poder oculto, à sensualidade como força mágica e ao domínio sobre os ciclos da vida e da morte**. Ela rege os **portais de transformação emocional**, auxiliando na quebra de amarras que impedem o amor, a autoestima e o empoderamento.

Do ponto de vista esotérico, ela pode ser associada a **Vênus**, pela sua relação com o amor e a beleza; a **Hécate**, por dominar os caminhos e encruzilhadas do destino; e a **Lilith**, pela ousadia de existir em sua própria verdade, mesmo que isso desafie as normas sociais. Maria Padilha representa a mulher que conhece seus desejos e sabe onde pisa.

Dentro da **Umbanda** e em outras tradições, Maria Padilha aparece como uma das Pombagiras mais conhecidas e cultuadas. Ela costuma atuar na linha das **encruzilhadas, da esquerda e dos caminhos amorosos**, sendo reverenciada como senhora dos encantos, das paixões, das magias de atração e de transformação.

Ela é sincretizada muitas vezes não só com entidades relacionadas a **forças encantadoras**, mas também **curadoras**. Apesar de seu nome ter origem ibérica, a incorporação espiritual da Pombagira Maria Padilha dentro das religiões afro-brasileiras traz a força do "**Exu feminino**": uma mulher que, mesmo enfrentando dores e injustiças, ressurge como rainha de si mesma.

Os espíritos que atuam sob o nome Maria Padilha costumam ter um perfil de grande **astúcia, inteligência emocional, magnetismo pessoal e domínio sobre as artes ocultas**. São entidades que já viveram histórias intensas de amor, dor, superação e poder — e hoje usam sua vivência para ajudar os encarnados a se libertarem de prisões emocionais e viverem com mais verdade.

Espíritos da falange de Maria Padilha costumam ser **diretos, provocadores, sedutores e sábios**. Eles tocam nas feridas que precisam ser curadas, mas sempre com a intenção de empoderar, e não humilhar. Trabalham para cortar laços espirituais nocivos, ajudar na reconquista da autoestima e abrir caminhos afetivos, financeiros e espirituais.

Especialidades da falange de Maria Padilha:

- Magia para o amor e reconciliação;
- Cortes de vínculos espirituais nocivos (divórcios energéticos);
- Empoderamento feminino;
- Conquista de independência emocional e material;
- Abertura de caminhos afetivos e sensuais;
- Trabalhos de limpeza e reestruturação emocional;
- Fortalecimento da intuição e do autoconhecimento.

Se Maria Padilha se apresenta ao seu lado, é porque há em você as **sementes de uma força que precisa ser despertada ou potencializada**. Talvez você esteja num momento da sua vida em que precisa:

- **Curar relações afetivas mal resolvidas;**
- **Recuperar sua autoestima e autoconfiança;**
- **Quebrar padrões repetitivos de sofrimento emocional;**
- **Aprender a se posicionar com mais força diante da vida;**
- **Resgatar sua sensualidade e seu magnetismo pessoal;**
- **Deixar de depender emocionalmente dos outros para encontrar sua plenitude.**

Maria Padilha vem ao lado do médium para **mostrar o poder do feminino sagrado** — não importa o gênero da pessoa. Ela ensina que o amor começa em si, e só pode ser verdadeiro quando nasce da liberdade e não da necessidade. A pessoa que caminha com Maria Padilha precisa aprender a **reinar em sua própria vida**, sem submissões, sem falsas promessas, sem medo de ser quem é.

Essa entidade não vem para quem está pronto. Ela vem para quem precisa despertar.

Maria Quitéria

O nome "Maria Quitéria" carrega um peso histórico e simbólico potente no Brasil. A referência mais marcante é **Maria Quitéria de Jesus**, considerada a **primeira mulher a entrar no Exército Brasileiro**, reconhecida oficialmente como heroína da **Independência do Brasil**, em 1822. Nascida na Bahia, em uma sociedade patriarcal e conservadora, Maria Quitéria desafiou todas as normas ao se disfarçar de homem para lutar pela libertação do país.

Sua história é símbolo de coragem, desobediência ao destino imposto, quebra de padrões e entrega à causa que pulsa mais alto que o medo. Foi honrada por Dom Pedro I com a condecoração de Cavaleiro da Ordem Imperial do Cruzeiro.

Quando essa figura feminina atravessa o tempo e ganha o espaço da religiosidade afro-brasileira como entidade espiritual, ela ressurge com força ainda maior — agora como **Pombagira Maria Quitéria**, a que corta amarras, protege os oprimidos e inspira a liberdade.

O nome **"Quitéria"** tem origem incerta, mas é ligado à ideia de mulher forte, decidida, e à etimologia latina *quietus*, que pode remeter à tranquilidade, mas em sua forma feminina também se conecta a ***quitare***, que significa **libertar, quitar dívidas, romper contratos** — inclusive espirituais e emocionais.

Maria Quitéria representa, na espiritualidade, a mulher que **se levanta diante das injustiças**, que **enfrenta o mundo com garra**, que **não abaixa a cabeça mesmo quando todos esperam sua submissão**. Ela é símbolo da **autonomia espiritual, da mulher guerreira e da força interior que rompe padrões**.

Do ponto de vista esotérico, Maria Quitéria é como um **arcanjo com saias rodadas** — sua espada é invisível, mas seus cortes são certeiros: corta relações tóxicas, vínculos de submissão, pensamentos autodestrutivos e medos paralisantes.

Na Umbanda e em outras tradições, Maria Quitéria é reverenciada como uma Pombagira da **linha de defesa, de corte e de combate espiritual**. Diferente das Pombagiras mais envolvidas com trabalhos de sedução e magia amorosa, Quitéria atua onde há **opressão, violência, dor cravada na alma e necessidade de resgate da autoestima**.

Sua presença é mais comum em trabalhos de **proteção**, **quebra de demandas**, **limpeza profunda de energias nocivas** e, principalmente, **reconstrução do amor-próprio**. Ela é uma mestra em **libertar mulheres de prisões emocionais e relacionamentos destrutivos**, mostrando a elas que amar o outro nunca pode significar perder a si mesmas.

Espíritos da falange de Maria Quitéria são **firmes, justos, leais e profundamente comprometidos com o despertar espiritual de seus médiuns**. Muitas vezes vêm de vidas de grandes lutas, em que enfrentaram dor, preconceito, injustiça e humilhações — e hoje caminham ao lado de quem precisa reencontrar a própria força.

O perfil desses espíritos carrega uma sabedoria ancestral sobre o sofrimento feminino, mas também sobre a redenção, a reconstrução e a **libertação que começa de dentro para fora**. São entidades diretas, práticas, com energia forte e, ao mesmo tempo, extremamente cuidadosas com os corações feridos.

Não toleram abuso emocional, manipulação ou relações em que o amor se tornou prisão. Elas chegam para **mostrar que amar não é se perder, é se encontrar.**

Especialidades da falange de Maria Quitéria:

- Trabalhos de libertação emocional;
- Corte de relações abusivas;
- Reestruturação da autoestima após traumas amorosos;
- Proteção espiritual contra obsessores e magias negativas;

- Fortalecimento da força pessoal;
- Despertar da mulher guerreira e justa;
- Trabalhos de corte energético e limpeza de vínculos cármicos.

Se Maria Quitéria caminha ao seu lado, isso diz muito sobre você. Provavelmente, você já foi ferida(o), subestimada(o), teve de calar a própria voz por medo de perder o amor de alguém. Ou talvez tenha crescido sem referências seguras, buscando amor em lugares que só aprofundaram a solidão.

Maria Quitéria escolheu você porque **sua alma pede libertação.** E ela, com seus olhos atentos e sua coragem intacta, veio mostrar que há um novo caminho. Você não precisa se conformar. Não necessita mais repetir padrões de dor. Ela está aqui para lhe mostrar **que é possível amar com dignidade, viver com verdade e ser feliz sem abrir mão de si.**

Essa entidade não segura sua mão para protegê-lo(a) do mundo, mas **para lhe lembrar que pode enfrentar qualquer coisa** — inclusive a si mesmo(a). Maria Quitéria guia você para **o recomeço com firmeza, bem como com amor.**

Maria Mulambo (ou Molambo)

O nome "Mulambo" provoca reações fortes. É impossível ouvir sem evocar imagens e sentimentos — seja pela força simbólica da palavra ou pela postura imponente que essas entidades carregam. **Mulambo** vem do latim *mullambus*, passando pelo quimbundo angolano, em que "mulambo" remete a **algo rasgado, abandonado, desprezado**. No português popular, é associado a **trapos, restos, coisas sem valor**.

Mas é exatamente **dessa aparente rejeição que nasce a grandeza da falange de Maria Mulambo**. A origem do nome já traz o ensinamento central dessa Pombagira: **o que o mundo jogou fora ela recolhe e transforma em ouro.** Ela representa a **ressignificação do sofrimento**, o **poder de reconstruir a si mesma das próprias ruínas**.

Historicamente, esse nome carrega ainda ecos das mulheres esquecidas nos bordéis, nas ruas de terra, nos becos das senzalas e cortiços — mulheres marginalizadas, mas que carregavam uma alma forte e resistente. Maria Mulambo é filha do povo, da dor e da superação. Ela é a senhora da dignidade restaurada.

No plano simbólico, Maria Mulambo é **o arquétipo da fênix**, aquela que **renasce das cinzas com mais poder, mais beleza, mais verdade**. Seus "trapos" são, na verdade, vestígios de batalhas vencidas.

Ela atua no campo da **transformação interior**, especialmente entre aqueles que foram rejeitados, traídos, humilhados ou que sentem que carregam um passado de dor. Sua presença é uma lembrança viva de que **a alma nunca está perdida — apenas esquecida de sua realeza**.

No esoterismo, Mulambo é associada à energia da **Alquimia Espiritual**: o poder de transmutar sofrimento em sabedoria, fraqueza em poder, escassez em abundância. Ela nos ensina que o verdadeiro valor não está no que o mundo vê, mas no que você **reconhece em si mesma.**

Na Umbanda e em outras tradições, Maria Mulambo costuma ser da **Linha de Esquerda**, associada às Pombagiras ligadas à força do feminino marginalizado — mas também empoderado. É cultuada principalmente nas linhas de **cura emocional, autoaceitação e reerguimento espiritual**. Pode ocupar um papel ainda mais forte nos **rituais de corte energético, desmanche de demandas amorosas negativas** e **retorno do amor-próprio** após traições ou abandonos.

Não há nela revolta — há sabedoria. Maria Mulambo não é a que chora o abandono. **É a que aprende com ele e ensina como ninguém a viver com dignidade, mesmo em meio às sombras.**

Os espíritos da falange de Maria Mulambo carregam histórias fortes. Vêm de existências em que foram marginalizadas, perseguidas, excluídas — mas **nunca se dobraram.** Em vez disso, guardaram em si a compaixão pelos caídos, pelos excluídos e por quem não sabe por onde recomeçar.

Mulambo acolhe aqueles que não se sentem dignos, que têm vergonha do próprio passado, que foram rejeitados por serem "demais" ou "de menos". Seu perfil é firme, porém doce. Ela não grita, não se impõe — **mas quem olha nos olhos de Maria Mulambo sente que não está mais sozinho.**

Esses espíritos carregam uma aura de poder calado, de beleza nas entrelinhas. São experientes em fazer renascer a alma de quem foi quebrado e trabalham incansavelmente pela **reconstrução da identidade emocional** do médium e de seus consulentes.

Especialidades da falange de Maria Mulambo:

- Cura da autoestima após rejeições;
- Transmutação de sentimentos de vergonha, humilhação ou inferioridade;
- Quebra de vínculos com energias que ainda fazem sangrar o passado;
- Encaminhamento espiritual de mágoas profundas;
- Trabalhos para despertar o amor-próprio em mulheres que foram abandonadas ou traídas;
- Reeducação do afeto: ensinar a amar com consciência, sem se perder.

Se você caminha com Maria Mulambo, provavelmente já **sentiu o peso de não se sentir suficiente**. Pode ter crescido ouvindo que não era boa o bastante, bonita o bastante, digna o bastante. Talvez tenha vivido relações em que foi usada, em que se entregou demais e recebeu de menos.

É justamente aí que Maria Mulambo entra. Ela **não vem para apagar seu passado, mas para ressignificá-lo.** Vem para dizer: "Você não é o que fizeram com você. Você é o que decide ser a partir de agora."

Esse espírito caminha com quem está pronto para deixar os cacos no chão e construir um novo espelho. Ela ajuda você a olhar para dentro, sem medo, e encontrar ali **um trono vazio, esperando que você se sente nele como Rainha**.

Maria Mulambo **lhe reeduca para o amor** — e, sobretudo, **para o amor-próprio.** Seu trabalho é lhe devolver para si mesma(o), com o brilho que o mundo tentou apagar.

Rosa Caveira ou Maria Caveira ou Dona Caveira

O nome **Rosa Caveira** é, por si só, um portal de significados. Ele une dois símbolos potentes e aparentemente contraditórios: **a rosa**, flor que representa o amor, a beleza, o mistério do feminino e a sedução; e **a caveira**, símbolo universal da morte, do fim, do mistério da transição e daquilo que permanece após a ilusão da forma.

Essa dualidade já revela o que essa entidade representa: **o poder que nasce da dor, a beleza que sobrevive à morte, o amor que transcende a matéria.** Rosa Caveira é a Pombagira dos limites, das encruzilhadas entre a vida e a morte, do fim que transforma.

Historicamente, os dois termos que compõem seu nome aparecem em diversos contextos culturais. A **rosa** sempre esteve presente nas mitologias de deusas do amor e da sexualidade, como Afrodite, Ísis, Vênus. Já a **caveira**, nas tradições africanas e afro-diaspóricas, é símbolo de sabedoria ancestral, do respeito aos mortos e à ancestralidade. Na Europa medieval, a caveira era também símbolo de nobreza espiritual, do lembrete constante da finitude da vida.

No Brasil, o nome Rosa Caveira surge na oralidade das religiões afro-brasileiras, especialmente em terreiros que dialogam com a Quimbanda e linhas de esquerda da Umbanda. Sua força é reconhecida como uma das mais poderosas no trato com **encaminhamentos espirituais**, **limpeza profunda de energias densas** e **quebra de vínculos cármicos antigos**.

No plano simbólico, Rosa Caveira é **a Senhora do Amor que Sobrevive**, do desejo que ultrapassa a ilusão da carne. A rosa, em sua delicadeza, ensina o prazer. A caveira, com sua crueza, ensina o desapego. Essa entidade nos convida a olhar para as profundezas do nosso ser e encarar aquilo que está escondido: medos, traumas, perdas, ciúmes, desejos reprimidos, tudo aquilo que precisa **morrer para que algo novo floresça.**

Ela é também a guardiã dos **portais entre mundos**: entre o que já foi e o que pode vir a ser. Trabalha na linha da **limpeza cármica**, cortando laços que não servem mais, desatando nós invisíveis e preparando o caminho para renascimentos.

No esoterismo, Rosa Caveira é associada à **transformação da alma pela dor consciente**, à **cura dos impulsos autodestrutivos** e à força do **feminino que não teme suas sombras.**

Na Umbanda e em outras tradições, Pombagira Rosa Caveira é cultuada principalmente nas **linhas de esquerda e nas linhas cruzadas**, com forte atuação junto a Exus Caveiras, Exus da Calunga e linhas de Quimbanda. Ela é vista como uma das grandes **zeladoras de campos espirituais carregados**, **rompedora de demandas** e **guardiã da verdade emocional**.

Em trabalhos de terreiro, sua incorporação costuma ser marcada por uma presença firme, profunda, com palavras cortantes e olhos que atravessam. Ela **fala pouco**, mas quando fala, **arranca véus, desfaz ilusões e traz o essencial à tona**.

Os espíritos que compõem essa falange são, em sua maioria, entidades que vivenciaram existências profundas, muitas vezes marcadas por dores, perdas, lutos ou abandono — mas também por um despertar espiritual raro. Muitos foram **feiticeiras, curandeiras, mulheres marginalizadas** ou ainda **figuras de poder que usaram a dor como caminho de iniciação**.

O perfil dessas entidades é **enigmático, assertivo, silenciosamente acolhedor.** Rosa Caveira **não é uma Pombagira de festas, gargalhadas e risos**. Ela é a que se apresenta quando ninguém mais aparece. É aquela que senta ao lado de quem está no fundo do poço, não para resgatar, mas para **lembrar que dali também se levanta.**

São espíritos com alta capacidade de **limpeza energética, atuação na cura de traumas ancestrais**, **encaminhamento de obsessores** e proteção contra energias de morte emocional e espiritual.

Especialidades da falange de Rosa Caveira:

- Rompimento de vínculos cármicos prejudiciais;
- Encaminhamento de energias espirituais que paralisam ou adoecem;
- Cura de lutos não elaborados (pela morte física ou emocional);
- Reestruturação do campo afetivo após perdas, traições ou abusos;
- Transformação de padrões emocionais autodestrutivos;
- Reintegração do desejo com consciência espiritual.

Se Rosa Caveira caminha com você, é sinal de que **sua alma já morreu e renasceu muitas vezes em uma só vida.** Você carrega cicatrizes que não aparecem, mas que moldam seus relacionamentos, seus afetos e suas escolhas.

Essa entidade se aproxima de médiuns que carregam **o arquétipo do renascente**: pessoas que foram abandonadas, que passaram por grandes perdas, que enfrentaram desequilíbrios emocionais ou mentais, mas que escolheram se levantar.

Ela também caminha com médiuns de **intuição aguçada**, **instinto protetor**, e com aqueles que **precisam aprender a não se sabotar mais.** Médiuns que se anulam, que se apegam a amores que já morreram, que não conseguem seguir em frente — Rosa Caveira vem para **mostrar que o apego à dor também é uma prisão.**

Sua missão é devolver a vida onde há morte emocional. Seu ensinamento é simples e profundo: **"Tudo que você perdeu era necessário, para que você voltasse para si."**

Menina do Cabaré

O nome **Menina do Cabaré** leva-nos diretamente a um cenário que carrega múltiplas camadas simbólicas: o **cabaré**, e a palavra "**menina**" acrescenta à imagem o contraste da juventude, da beleza precoce, da doçura inicial, por vezes corrompida pelas exigências da vida.

Historicamente, o **cabaré** foi espaço de arte, resistência e marginalização. Na Europa do século XIX, especialmente na França, os cabarés eram casas de música, dança e encontros boêmios — muitas vezes centros culturais, mas também locais de prostituição e fuga social. Mulheres nesses espaços eram frequentemente vistas como escandalosas, impuras, mas também como **figuras de liberdade e de transgressão**.

No Brasil, os cabarés tornaram-se conhecidos principalmente entre os séculos XIX e XX, em grandes centros urbanos como Rio de Janeiro, Salvador e Recife, onde também se encontravam mulheres artistas, cantoras, dançarinas e prostitutas que viviam à margem da moralidade imposta — mas carregavam histórias riquíssimas de vida, coragem, perdas e superação. No cabaré o amor era vendido, e o desprezo, comprado.

Mas era também onde muitas mulheres encontraram formas de sustento, expressão e até poder.

O nome **Menina do Cabaré** remete a um espírito jovem, ainda em processo de amadurecimento, que passou pelas experiências intensas do amor, da sexualidade, da rejeição e da sobrevivência em ambientes sociais considerados perigosos — e de onde ela retorna não apenas com cicatrizes, mas com sabedoria.

No plano simbólico, essa Pombagira representa a **iniciação precoce ao mundo dos afetos, desejos e frustrações**. Ela é a figura da jovem mulher que aprendeu cedo demais sobre a malícia humana, o amor utilitário e os jogos emocionais — mas que não se deixou reduzir a isso, pelo contrário, ela se fortaleceu.

Essa entidade carrega o arquétipo da **curadora ferida**, que transforma sua dor em poder de acolhimento. Atua nas feridas relacionadas à inocência perdida, aos abusos vividos no início da vida afetiva e ao desejo de recuperar o encanto — sem perder a força adquirida pela dor.

Espiritualmente, é uma entidade ligada aos mistérios do feminino jovem, à beleza, à arte do encantamento, mas também à cura dos traumas ligados à sexualidade precoce, à objetificação e à culpa por desejos naturais.

No contexto da Umbanda e de outras tradições, **Menina do Cabaré** é cultuada como uma Pombagira que **atua com leveza, mas com profundidade.** Ela costuma se manifestar com gestos delicados, fala direta e uma energia que mistura **doçura com sagacidade**.

É comum ser associada às linhas mais sensíveis e emocionais das Pombagiras — especialmente aquelas que atuam na **cura das adolescentes feridas emocionalmente**, nas **mulheres que viveram relações destrutivas desde cedo** e nos **homens que carregam culpas inconscientes por desejos reprimidos ou mal vividos.**

Seu trabalho espiritual é extremamente importante em giras voltadas à **reconstrução da autoestima, da alegria de viver e da libertação da culpa sexual.**

Os espíritos dessa falange costumam ter passado por **vidas marcadas por abandono precoce, iniciação sexual sem preparo emocional, amores desequilibrados** ou por experiências no universo da sedução e do entretenimento como forma de sobrevivência.

São entidades que trazem um magnetismo juvenil, um brilho nos olhos que contrasta com a densidade de suas histórias. Carregam uma doçura misturada à firmeza, como quem aprendeu a se defender sorrindo.

Essas Pombagiras são especialistas em lidar com **emocionalidades reprimidas, bloqueios de prazer, dificuldades com o corpo e com a sensualidade.** Também são protetoras poderosas de **jovens mulheres, médiuns iniciantes** e pessoas que ainda não descobriram a potência do seu encanto natural.

Especialidades espirituais e áreas de atuação:

- Reconstrução da autoestima em mulheres que se sentem invisíveis;
- Cura de traumas ligados à sexualidade precoce ou abusiva;
- Fortalecimento do amor-próprio em adolescentes e jovens adultas;
- Libertação de padrões emocionais de submissão e medo de rejeição;
- Acolhimento de mulheres que se culpam por terem "cedido demais" no passado;
- Encantamento consciente: usar o magnetismo pessoal sem se perder nele;
- Atuação em casos de perdas emocionais precoces ou abandono afetivo.

Se você tem ao seu lado a **Pombagira Menina do Cabaré**, provavelmente carrega dentro de si uma história de **busca por amor verdadeiro em lugares difíceis.** Você pode ter crescido ouvindo que o desejo é pecado, que ser sensual é errado, ou vivido experiências que confundiram o prazer com a dor.

Essa entidade lhe acompanha porque ela **reconhece sua trajetória, seus silêncios, suas vergonhas e, principalmente, sua força de renascer.** Ela está com você para que você volte a olhar para sua beleza, seu charme, sua doçura e sua firmeza como dons sagrados — e não como armadilhas ou fontes de culpa.

Com ela, você vai aprender a dizer "sim" com alegria, "não" com firmeza e a amar com liberdade — sem se anular.

Ela não está com você por acaso. **Está porque você é, e sempre foi, a menina que encantava até em silêncio, mas que agora precisa aprender a encantar com consciência.**

Rosa Vermelha

O nome **Rosa Vermelha** carrega uma força simbólica que atravessa séculos, culturas e tradições espirituais. A rosa, por si só, é um arquétipo universal da beleza, da delicadeza e da paixão. É uma flor reverenciada em diversas mitologias como símbolo do amor divino, do desejo humano e do mistério feminino.

Na tradição cristã, a rosa vermelha esteve associada ao martírio e ao sangue de Cristo, representando amor sacrificial e devoção profunda. Na Antiguidade greco-romana, a rosa era a flor de Afrodite (ou Vênus), deusa do amor, da sensualidade e da fertilidade. Em rituais pagãos, era usada como oferenda aos deuses do prazer, das colheitas e da beleza.

Já no esoterismo ocidental, a rosa vermelha é considerada o emblema da iniciação nos mistérios do coração — aquilo que pulsa, que sente, que sangra, que se abre lentamente, pétala por pétala, até revelar o centro da verdade.

No Brasil, a rosa vermelha ganha um lugar especial na cultura popular, associada ao amor forte, à paixão arrebatadora, às mulheres de presença marcante e ao perfume da alma. É símbolo de romance, mas também de intensidade — aquela que arde, que marca e que, se não for bem cuidada, também pode ferir com seus espinhos.

Pombagira Rosa Vermelha é, antes de tudo, o **mistério do desejo consciente**. Ela não representa o amor idealizado nem o afeto imaturo. Ela simboliza o **amor encarnado**, o desejo com propósito, o toque que cura, a entrega que transforma.

Seu nome fala de **beleza em estado de potência**, de uma energia que é sensual sem ser vulgar, intensa sem ser destrutiva. O vermelho da rosa simboliza o sangue da vida, o fogo da paixão, a raiz dos instintos mais profundos. Significa também o coração — aquele que sente, que pulsa e que precisa ser respeitado.

No plano espiritual, Rosa Vermelha é um **portal para os aprendizados mais profundos do amor-próprio**, da autoestima e da presença feminina. É uma entidade que trabalha a mulher para que ela se veja com os olhos da alma — e reconheça que o amor verdadeiro começa pelo que ela acredita merecer.

Na Umbanda e em outras tradições, **Rosa Vermelha** é considerada uma Pombagira de poder elevado, que atua em campos ligados à sexualidade sagrada, ao magnetismo pessoal e à autoestima dos seres que se perderam de si mesmos em função de relações desgastantes, experiências traumáticas ou repressões sociais.

Costuma manifestar-se de maneira elegante, serena, porém firme. Sua energia não é espalhafatosa, mas marcante. Ela não grita — ela olha nos olhos e faz estremecer.

É cultuada em giras voltadas à cura emocional, rituais de atração equilibrada e processos de reconexão com o corpo e o prazer. Seus pontos cantados costumam exaltar sua beleza, seu perfume, sua força irresistível e sua capacidade de libertar quem está preso à culpa ou à escassez afetiva.

Espíritos que trabalham sob o nome de **Rosa Vermelha** costumam ter histórias de vida (em suas encarnações passadas) marcadas por amores intensos, por amores proibidos, por paixões que foram fonte de dor, mas também de crescimento.

São entidades extremamente sábias quando o assunto é **autoestima, empoderamento feminino e relações de reciprocidade.** Costumam ser conselheiras de mulheres que passaram por traições, abandono ou humilhações afetivas. Também trabalham com homens que desejam aprender a amar de maneira mais íntegra, respeitosa e sensível.

Possuem um magnetismo natural, por isso atraem médiuns que estão precisando curar a relação com seu corpo, seu desejo, sua confiança interior e a percepção de valor próprio.

Especialidades espirituais da falange de Rosa Vermelha:

- Cura de traumas afetivos e abusos emocionais;
- Desbloqueio da autoestima e do merecimento no amor;
- Magnetismo pessoal e empoderamento da presença;
- Ritualização de reconciliação com o corpo;
- Encantamento e abertura para relações saudáveis;
- Aconselhamento de mulheres em fases de reconstrução emocional;
- Reorientação espiritual após ciclos amorosos marcantes.

Se você sente que **Rosa Vermelha** caminha ao seu lado, é porque há dentro de você um coração pulsante que, por muito tempo, talvez tenha ficado escondido. É possível que sua história traga episódios de amores mal resolvidos, medos de se entregar ou feridas ainda abertas causadas por quem você acreditou amar.

Ela vem para **lembrar-lhe quem você é — e o quanto você vale.** Vem para conduzi-lo(a) de volta ao espelho, não só para ver a beleza que o mundo vê, mas para sentir a beleza que existe em ser quem você é, com todas as suas nuances, luzes e sombras.

Ao seu lado, **você não será mais a mulher que aceita migalhas emocionais.** Rosa Vermelha ensina que **quem conhece seu perfume, não aceita ser jardim de espinhos.** Ela o(a) ajuda a colocar limites, a se proteger, a atrair relações equilibradas — e a viver sua sensualidade sem culpa, sem medo e sem submissão.

Ela não está ao seu lado por acaso. Está porque você carrega a flor — e talvez tenha se esquecido disso.

Ela está ali para lembrar-lhe que a rosa mais bonita do jardim não é a que agrada a todos... **É a que se mantém firme, mesmo quando ninguém a rega.**

Dama da Noite

O nome **Dama da Noite** evoca, de imediato, uma imagem forte, magnética e profundamente simbólica. A expressão "dama" já carrega o peso da nobreza, da postura imponente, do respeito que se impõe sem precisar ser exigido. Uma dama é uma mulher que conhece seu lugar, seu valor, sua voz — e a noite é o território onde ela reina.

No simbolismo tradicional, a **noite** representa o inconsciente, o mistério, o feminino profundo, os desejos ocultos e os medos não resolvidos. Durante a noite as pessoas se desarmam, a alma fala mais alto, os véus entre o mundo físico e o mundo espiritual se tornam mais tênues. É quando a verdade se revela — com menos máscaras e mais essência.

Na natureza, **"dama da noite"** também é o nome de uma flor que desabrocha à noite, liberando um perfume forte, doce e inconfundível. Esse aroma perfuma o ar discretamente, envolvendo tudo à sua volta — sem fazer alarde, mas deixando sua marca.

O nome dessa entidade, portanto, não é um acaso. Ele traduz uma essência: **a mulher que conhece as sombras, que caminha entre os mundos, que reina onde outros se perdem**. A que vê no escuro, a que não tem medo da dor, a que seduz com presença e ensina com silêncios. A que, mesmo ferida, se ergue como senhora do seu destino.

A simbologia da Dama da Noite é profundamente conectada à **cura das feridas emocionais que acontecem em silêncio**. Ela representa aquelas dores que ninguém viu. Aqueles traumas que você viveu calada. Aqueles amores que lhe marcaram nas entrelinhas. Ela é o arquétipo da mulher que viveu intensamente, caiu, chorou — mas aprendeu a se levantar e seguir com mais força.

Na Umbanda e em outras manifestações espiritualistas, essa Pombagira atua especialmente nos **momentos de crise existencial, nos ciclos de transformação, nas noites escuras da alma**. Ela se apresenta para quem está precisando reaprender a se ver com dignidade depois de ter se perdido em algum lugar do caminho.

Dama da Noite é, também, a **guardadora dos segredos**. Ela ouve sem julgar, acolhe sem invadir, ensina sem impor. Por isso, costuma se aproximar de pessoas que carregam pesos profundos na alma, dores antigas, lutos não resolvidos ou culpas difíceis de curar. Ela trabalha com mistérios — e só revela o que a pessoa está pronta para saber.

No culto de Umbanda, **Dama da Noite** aparece como entidade de esquerda, ligada à linha das Pombagiras, mas sempre com um magnetismo peculiar: nem tão explosiva quanto outras, nem tão doce quanto parece à primeira vista. Ela é a presença que chega de mansinho, mas quando chega, tudo muda.

Costuma atuar com **feitiços feitos nas madrugadas**, nas encruzilhadas silenciosas, nos rituais de autoconhecimento, libertação e perdão. É muito cultuada por mulheres que passaram por abusos, por perdas marcantes, por histórias de abandono ou relações que exigiram demais — até quase esvaziá-las.

Seu ponto de força pode ser a encruzilhada da noite, o jardim da meia-noite ou altares voltados para a Lua. Ela aceita oferendas feitas com discrição, com verdade. Seu reino não é o da ostentação — é o da profundidade.

Espíritos que se manifestam como **Dama da Noite** geralmente viveram vidas em que foram obrigadas a esconder-se, a calar-se, a suportar. Muitas foram mulheres que vivenciaram a marginalização, que carregaram marcas por serem quem eram — e que, ainda assim, mantiveram sua dignidade.

Por isso, trazem consigo um espírito de sabedoria, de contenção, de presença. São entidades que não agem no impulso. **Observam, analisam, sentem — e só depois intervêm**. Ajudam o médium a se tornar mais consciente, mais maduro emocionalmente, mais fiel à sua própria verdade.

Têm especialidade em lidar com:

- Relações ocultas ou mal resolvidas;
- Culpa inconsciente em relação ao prazer;
- Vícios afetivos e padrões de dependência emocional;
- Períodos de solidão profunda e desconexão espiritual;
- Cura de traumas relacionados à vergonha, rejeição ou abandono.

Se Dama da Noite caminha ao seu lado, é porque você carrega em si uma alma que já mergulhou em muitas profundezas. Pode ser que tenha passado por silêncios dolorosos, por fases em que ninguém viu sua dor, por momentos em que até você duvidou da sua força.

Ela se aproxima para **devolver-lhe a coragem de se olhar sem medo**. Para ensinar-lhe que não há nada de errado em sentir — mas que você não precisa mais carregar tudo sozinha.

Ela vai lhe ensinar que **não é mais tempo de se esconder.** Que a noite não é apenas escuridão — é também fertilidade, gestação, regeneração. É o útero do mundo, onde tudo começa de novo. Ao seu lado, você vai aprender a transformar seus traumas em cura, suas quedas em sabedoria, sua história em semente.

Ela é aquela que lhe protege enquanto você dorme. Que vela por você quando o mundo parece esquecer. Que acende velas silenciosas no altar da sua alma — até que você volte a ver sua própria luz.

Pombagira da Figueira ou Maria Figueira

O nome "Maria Figueira" carrega uma combinação potente de simbologia espiritual e elementos naturais. "Maria", como já mencionado em outros estudos por mim, é um nome ancestral e sagrado, com raízes no hebraico *Miryam*, associado a figuras femininas fortes, protetoras, místicas e transformadoras. É um nome comum que, na Umbanda e em outras tradições afro-brasileiras, representa a ancestralidade feminina, a sabedoria intuitiva e a força das mulheres que atravessaram tempos, dores e sistemas opressores — tornando-se arquétipos do poder feminino.

"Figueira", por sua vez, evoca o símbolo da **árvore da figueira**, presente em diversas tradições espirituais, religiosas e esotéricas. A figueira é árvore sagrada no Judaísmo, no Cristianismo e nas doutrinas orientais, representando abundância, fertilidade, introspecção, sabedoria e conexão entre os mundos visível e invisível. A folha da figueira aparece na Bíblia como elemento de proteção (quando Adão e Eva se cobrem com ela), e Buda alcança a iluminação meditando sob uma figueira sagrada, a Bodhi.

No Brasil, o nome "Figueira" carrega ainda um toque de misticismo popular. Antigamente, as figueiras eram vistas como árvores habitadas por espíritos encantados ou pontos de força da natureza. Era comum que se deixassem oferendas ou pedidos aos pés de figueiras grandes, em rituais simples de fé popular.

Assim, "Maria Figueira" simboliza uma força feminina ancestral que guarda, protege e ensina. Uma guardiã do saber oculto, que age nas profundezas da alma e nas camadas espirituais mais sensíveis do ser.

A figueira é uma árvore densa, de raízes fortes e longas, que se espalham pelo solo com firmeza. Seus galhos se curvam, criando sombra e acolhimento, enquanto seus frutos simbolizam a doçura da vida, a fertilidade e a abundância espiritual. Não por acaso, entidades ligadas a esse arquétipo atuam profundamente nas áreas de **cura emocional, abertura de caminhos, reconexão com o feminino interno e maturidade espiritual**.

Pombagira Maria Figueira representa a mulher que cresceu, passou pelas fases da menina, da amante e da guerreira, e agora está madura. É a senhora do tempo e da sabedoria emocional. Ela não trabalha na pressa, mas na profundidade. Mostra o que precisa ser visto, mesmo que doa. Não está apenas para confortar, mas para transformar.

Na Umbanda e em outras tradições, Maria Figueira apresenta-se como uma Pombagira de fundamento profundo, ligada à vibração de **Oxum em sua face madura,** à força da terra, da ancestralidade e do silêncio. Ela pode vir regida por Iansã ou Obá em algumas casas, especialmente quando manifesta um aspecto mais justiceiro ou cortante. Mas, em geral, é associada à linha da prosperidade, do equilíbrio emocional, da autoestima e da reconexão com o próprio valor. Ela é considerada uma Pombagira que **lê os segredos da alma humana**, transita entre os mundos, conhece as raízes das dores e desfaz magias, encantamentos e vínculos negativos com sabedoria. Trabalha muito bem com limpezas espirituais complexas, principalmente aquelas ligadas a sexualidade, relacionamentos e padrões herdados das linhagens femininas.

Seu ponto de força é, muitas vezes, próximo a árvores, especialmente figueiras, ou encruzilhadas silenciosas, com sombra. Seu trabalho é silencioso, mas profundamente eficaz.

Espíritos que se apresentam na falange de Maria Figueira carregam uma postura firme, maternal e muitas vezes silenciosa. Não falam muito, mas dizem o necessário. Possuem olhar penetrante, geralmente mais sóbrios na maneira de se apresentar, e seu trabalho é sentido, não anunciado.

São espíritos de mulheres que passaram por **histórias densas de abandono, humilhação, silenciamento, traições ou solidão** — e que, mesmo assim, alcançaram um estado de consciência elevado. Carregam uma bagagem emocional profunda, por isso atuam como **conselheiras espirituais, terapeutas da alma e senhoras da cura emocional**.

São muito procuradas por médiuns e consulentes que estão vivendo fases de rupturas amorosas, reconexão com o sagrado feminino, bloqueios na prosperidade ou dores que parecem sem explicação.

Maria Figueira atua principalmente nos seguintes campos:

- Cura das relações com o passado (mães, avós, ex-companheiros);
- Liberação de laços energéticos e memórias de dor;
- Reconexão com a dignidade e o amor-próprio;
- Limpeza de magias antigas;
- Ativação do ventre energético e da fertilidade criativa;
- Restabelecimento da ordem emocional;
- Sabedoria para tomar decisões com clareza.

Ela não chega como vendaval, e sim como brisa, mas uma brisa que limpa tudo por dentro.

Quando Maria Figueira caminha com um médium, é sinal de que **há um processo profundo de amadurecimento emocional e espiritual a ser vivido**. Ela não acompanha pessoas que ainda querem brincar com a espiritualidade, mas quem está disposto a se transformar.

Ela pode vir na vida do médium para ajudá-lo a cortar relações tóxicas, a sair de situações em que há abuso, manipulação, dependência emocional ou apego excessivo ao passado. Ensina o silêncio, o recolhimento, a observação e o poder da escuta.

Seu médium geralmente é alguém que traz a dor da ancestralidade feminina, ou que viveu, em sua história, perdas, abandonos, desafios com o feminino e que está sendo chamado a **resgatar sua essência mais profunda**.

Maria Figueira não apenas protege, ela ensina. Não apenas acolhe, orienta. É nesse processo que o médium cresce, floresce e amadurece.

Maria Farrapo

O nome **Maria Farrapo** carrega, por si só, um impacto simbólico e emocional imenso. "Maria", como sabemos, é o nome que traz o arquétipo da mulher que sobreviveu. É o nome das que atravessaram o tempo, dos grandes amores e das grandes dores. Um nome comum que virou manto sagrado para as mulheres esquecidas, silenciadas e depois consagradas.

Já o termo "Farrapo" vem do latim *farrapus*, que significa "trapo", "pedaço de tecido rasgado", "fragmento". No contexto histórico do Brasil, a palavra também remete à Revolução Farroupilha, uma guerra de resistência no Sul do país, que lutava por independência, igualdade e liberdade. Ou seja, mesmo sem intenção, carrega o arquétipo da revolta, da insubmissão e da luta por justiça.

Assim, quando associamos os dois nomes, temos **Maria Farrapo: a mulher que foi rasgada pela vida, mas não se entregou. Que mesmo ferida, suja ou marginalizada, ergueu sua dignidade e construiu sua própria coroa.**

O nome pode parecer pejorativo à primeira vista. É justamente por isso que ele é tão poderoso, pois resgata o que foi rejeitado, cura o que foi quebrado e dignifica o que foi marginalizado.

Maria Farrapo é o arquétipo da mulher que **caiu e se levantou inúmeras vezes,** teve sua honra rasgada, seu corpo usado, sua voz calada, mas se reconstruiu em meio aos retalhos da dor.

Ela representa as mulheres **em situação de abandono, pobreza, vícios, exclusão e marginalização** — mas que nunca deixaram de ser filhas do Sagrado. Pombagira Maria Farrapo é a senhora dos becos escuros, dos porões emocionais e das dores não ditas. Mas também é senhora da reintegração, da liberdade interior e da superação do trauma.

Sua imagem simbólica pode remeter à mulher de vestido rasgado, rosto marcado pela vida, porém com olhos brilhando de sabedoria e boca pronta para dizer verdades que libertam. Ela é a que já foi jogada fora — e voltou como rainha.

Na Umbanda e em outras tradições, Maria Farrapo costuma ser menos conhecida do que outras Pombagiras, mas é cultuada em terreiros sérios que entendem a profundidade de sua atuação. Sua força está associada à **cura de traumas antigos**, à **quebra de maldições ancestrais**, à **limpeza de humilhações espirituais** e à **reconstrução da dignidade de mulheres que se sentem perdidas ou destruídas emocionalmente**.

Ela pode trabalhar sob irradiações de Orixás como **Obá**, pela sua energia de resistência; **Iansã**, pela sua força de enfrentamento; ou **Nanã**, quando atua nos porões profundos da alma. Em muitos casos, é também associada à terra, às encruzilhadas empoeiradas, à poeira do caminho onde os esquecidos ainda pisam.

Maria Farrapo é considerada **grande limpadora de trabalhos de ruína**, desfazedora de amarrações e encantamentos destrutivos e regente de forças que devolvem a autoestima àqueles que perderam tudo.

Os espíritos que se apresentam com o nome de Maria Farrapo são intensos, diretos, amorosos à sua maneira, mas **profundamente transformadores**. São espíritos que já foram completamente despidos da vaidade social. **Não estão preocupados com aparência, mas com essência.**

São, em sua maioria, espíritos de mulheres que viveram à margem — na prostituição forçada, em vícios, em condições de extrema pobreza, de exploração, de abuso, de abandono. Mas que **transcenderam suas dores e renasceram com sabedoria, dignidade e poder espiritual**.

Essas entidades carregam forte presença e são temidas por quem vive na mentira. Com os seus, são protetoras fiéis. Com os mal-intencionados, cortam sem piedade.

Pombagira Maria Farrapo atua diretamente nas seguintes áreas:

- Reconstrução da autoestima após experiências traumáticas;
- Liberação de dores e culpas herdadas de gerações anteriores;
- Quebra de padrões de autossabotagem;
- Cura de relações marcadas por abuso, submissão ou humilhação;
- Proteção contra ambientes e pessoas que drenam a energia vital;
- Resgate da dignidade e do merecimento do amor.

Seu trabalho é como um varredor de fundo de poço. Onde há escuridão, ela entra com sua vela acesa e diz: "Vamos sair daqui."

Se Maria Farrapo está do lado de um médium, esse médium **carrega consigo histórias densas — suas ou de sua ancestralidade**. São pessoas que passaram por quedas, humilhações, abandono emocional ou espiritual. Ou que, muitas vezes, carregam um senso de inferioridade, vergonha, culpa ou inadequação — sem saber por quê.

Ela não acompanha qualquer pessoa, mas sim quem está pronto para **olhar para a própria lama e fazer dela adubo**. Seu trabalho com o médium é, antes de tudo, uma reconstrução. Ela é quem segura a mão no escuro e diz: "Você ainda é sagrado, mesmo que ninguém tenha lhe dito isso antes."

Médiuns de Maria Farrapo costumam sentir muito, intensamente. Passam por dores profundas, mas são resilientes. Quando acolhem sua entidade, tornam-se verdadeiras **fontes de força para outras mulheres e homens que vivem em dor.**

Maria Farrapo é a expressão espiritual da frase: "Você não é o que fizeram com você. Você é o que escolhe ser depois disso."

Sete Serpentes ou Sete Guizos

O nome "Sete Serpentes" é carregado de arquétipos profundos e milenares. A serpente, ao longo da história da humanidade, sempre foi símbolo do Sagrado Feminino, da sabedoria ancestral, da transformação e do renascimento. Em praticamente todas as culturas — da Grécia Antiga ao Egito, dos rituais indígenas às tradições africanas — a serpente representa **a potência da energia vital, o domínio do corpo e do espírito, a inteligência instintiva e a força da regeneração.**

A repetição do número sete, por sua vez, não é casual. Sete é o número da totalidade espiritual, da completude, do ciclo sagrado. Sete são os dias da semana, os chacras principais do corpo, os véus da Deusa, os planos astrais, os mistérios maiores. Portanto, o nome **Sete Serpentes** evoca uma entidade que domina **vários níveis da existência**, transitando entre mundos, revelando camadas, desfazendo ilusões e provocando renascimentos.

Pombagira Sete Serpentes é aquela que **traz à tona o conhecimento oculto**. Ela não apenas provoca transformações profundas, mas também **obriga** quem a acompanha a confrontar verdades internas, a superar o medo da mudança e a se reconciliar com seu próprio poder pessoal.

Ao longo da história, a serpente foi associada à deusa egípcia **Wadjet**, protetora do faraó e da realeza; à **Kundalini** hindu, energia que dorme na base da coluna e se eleva em espiral para despertar os chacras; à **medicina**, cujo símbolo é o bastão de Asclépio com uma serpente enroscada, simbolizando cura e regeneração.

Na tradição africana, a serpente é igualmente sagrada. **Dã**, o grande vodum serpente do Benin, representa a ligação entre céu e terra, o equilíbrio das forças opostas e a continuidade da criação. Já nas tradições de matriz afro-brasileira, as serpentes surgem como símbolos dos encantados, das forças da natureza e dos mistérios dos reinos aquáticos e subterrâneos.

Logo, **Sete Serpentes** é um nome que une tudo isso. Ela não é apenas uma entidade — é uma potência viva da sabedoria espiritual que age nos bastidores da alma humana, conduzindo os iniciados por caminhos de morte simbólica e renascimento espiritual.

Na Umbanda e em outras tradições, **Pombagira Sete Serpentes** é reconhecida como uma entidade de profundo mistério e intensidade. Não se manifesta em todos os terreiros, pois requer uma preparação e sintonia específicas. Ela atua especialmente na **cura das feridas emocionais mais antigas**, na **quebra de magias densas** e **na ativação da sexualidade sagrada e da intuição feminina.**

Em alguns casos, aparece como **encantada**, ligada aos reinos aquáticos e ao mistério dos lagos profundos, onde a água esconde o que precisa ser revelado apenas no tempo certo.

Ela pode ser evocada em rituais de purificação, para revelar mentiras, cortar relações tóxicas e abrir caminhos espirituais com precisão cirúrgica.

Os espíritos que compõem a falange de Sete Serpentes são, em geral, **profundos, magnéticos e enigmáticos.** São entidades que não se manifestam com histrionismo ou falas vazias. Elas chegam com silêncio, com presença, com olhar que atravessa o que está escondido.

Seu comportamento é firme, direto, mas envolto de **magnetismo difícil de ignorar.** Têm o dom de enxergar a raiz dos problemas espirituais dos consulentes e vão direto ao ponto, mesmo que isso doa.

São protetoras ferrenhas daqueles que as respeitam, mas se afastam com facilidade de quem as trata com leviandade. Não aceitam superficialidade. São trabalhadoras do **profundo mergulho interior**.

Pombagira Sete Serpentes atua com maestria em diversos campos, mas sua especialidade é:

- Transformação interior profunda;
- Ativação da força sexual como energia criativa;
- Quebra de feitiços ocultos e magias negativas camufladas;
- Despertar da intuição e do poder feminino ancestral;
- Conexão com memórias de outras vidas e curas espirituais profundas;
- Alinhamento espiritual para líderes e iniciados.

Ela atua nos bastidores. Enquanto você acha que nada está acontecendo, ela está preparando o terreno, rompendo couraças, regenerando camadas da alma que você nem sabia que existiam.

Se você é médium de **Pombagira Sete Serpentes**, há grandes chances de sua jornada espiritual envolver **processos de renascimento, quedas dolorosas seguidas de grandes ascensões, vivências com a sexualidade como forma de cura ou dor** e **um senso intuitivo muito apurado**.

Ela está ao seu lado para lhe mostrar que **tudo o que você precisa já está em você** — mas que há véus a serem retirados, feridas a serem curadas e poderes a serem despertados.

Essa Pombagira pode gerar desconforto no início, porque vem com verdades, mas depois que você aceita caminhar com ela, nunca mais caminha com insegurança. Você se torna uma serpente: que rasteja em silêncio, mas é letal quando precisa; troca de pele sem medo, não se apega ao velho, sempre renasce.

Sete Serpentes é uma das maiores mestras da alquimia interior. Ela não está interessada em vaidade, e sim em ver você inteira.

Se ela está ao seu lado, você nunca mais será a mesma. Mas será, finalmente, você.

Cacurucaia

O nome "Cacurucaia" é um dos mais misteriosos e encantadores dentro das falanges de Pombagira. Carrega uma sonoridade ancestral, quase onomatopeica, que nos remete aos encantamentos, aos cantos e às forças ligadas à natureza, especialmente à mata e à encruzilhada. A palavra não possui origem rastreável em dicionários formais, o que nos leva a compreendê-la como um nome místico, possivelmente derivado de termos afro-indígenas ou de línguas crioulas e encantadas, nascidas nas senzalas, nos terreiros e nas comunidades mágicas do Brasil profundo.

"Cacurucaia" pode carregar em sua raiz o som dos ventos da madrugada, o eco de rezas ditas ao pé da fogueira, o som dos passos que dançam sozinhos na encruzilhada do destino. É uma palavra cósmica e telúrica ao mesmo tempo, e seu mistério é seu próprio poder.

No plano simbólico, o nome carrega a ideia de espiral mística, de repetição sagrada, de magia que gira. É como um mantra que invoca, atrai, movimenta forças e confunde os olhos daqueles que não enxergam com o coração.

Embora não haja registros formais da palavra "Cacurucaia" em culturas antigas, há uma semelhança com onomatopeias usadas em cantos de encantamento, rituais de invocação e nomes mágicos que não possuem tradução literal — mas são portais energéticos em si mesmos.

No Brasil, essa palavra está presente em pontos cantados antigos da Umbanda e da Quimbanda, em que é usada como um chamado direto à presença da entidade. Há quem diga que "Cacurucaia" é o nome mágico da própria entidade, que não deve ser traduzido, mas sentido.

A força da sonoridade — que gira, embala, pulsa — é um símbolo do próprio movimento que a Pombagira representa: a mulher que gira, que dança, que envolve, que transforma tudo por onde passa.

Na Umbanda e em outras tradições, Pombagira Cacurucaia é respeitada como uma das entidades mais enigmáticas e profundas. Ela vibra especialmente nas encruzilhadas da mata e da madrugada, nos pontos de cruzamento entre o conhecido e o oculto.

Seu trabalho é silencioso e certeiro. É mestra em desvendar mistérios, proteger segredos, confundir os olhos dos inimigos espirituais e proteger seus filhos dos ataques invisíveis. É também uma grande guardiã da sexualidade sagrada, da libertação dos traumas femininos e das dores escondidas no útero da alma.

Ela é vista como uma feiticeira poderosa, que atua com magias que giram em espiral, retornando para quem as lança sem a devida consciência. Seu trabalho é muitas vezes associado à limpeza espiritual profunda, ao desmanche de magias densas e à quebra de ciclos repetitivos nas relações afetivas e profissionais.

Espíritos da falange de Cacurucaia são geralmente muito intensos. Carregam uma sabedoria que vem do silêncio, do olhar, do tempo. São encantadoras, misteriosas e extremamente protetoras.

Suas manifestações são marcadas por uma energia densa, mas acolhedora. Quem está em desequilíbrio pode se sentir desnorteado diante dela, mas quem está em busca sincera de cura e transformação encontra em Cacurucaia uma mãe, uma guia e uma aliada firme.

Essas entidades costumam atuar ao lado de médiuns com missões espirituais ligadas à cura oculta, à defesa energética e à reconexão com a ancestralidade mágica feminina.

Pombagira Cacurucaia é especialista em:

- Quebra de magias ocultas e carmas espirituais complexos;
- Proteção do campo vibracional contra obsessores invisíveis e feitiços camuflados;
- Resgate da autoestima em mulheres que foram feridas emocionalmente;
- Reestruturação da energia sexual feminina, libertando traumas e culpas;
- Magia de encruzilhada para abrir caminhos que estão bloqueados por padrões antigos.

Se você é médium de Cacurucaia, provavelmente já viveu situações em que sentiu o mundo girar sem entender o porquê, já teve de se reerguer após perdas inexplicáveis ou já se viu presa em ciclos repetitivos que só se quebraram quando olhou para si mesma com verdade.

Ela lhe escolheu porque você tem a missão de proteger segredos, curar feridas profundas e libertar outras mulheres (e homens) da prisão da própria mente.

Cacurucaia atua como espelho mágico, revelando o que precisa ser visto — e destruindo o que necessita ser deixado para trás.

Ela ensina a arte do silêncio poderoso. A força do olhar que cura. A dança que não precisa de palco e a magia que só quem sente, entende.

Se ela o(a) acompanha, você carrega consigo uma chave antiga, que abre portas que outros sequer sabem que existem.

Pombagira do Lodo

O nome **Pombagira do Lodo** já provoca um estremecimento na alma de quem ouve. A palavra *lodo* evoca aquilo que está no fundo, na lama, naquilo que foi rejeitado, esquecido, oculto e, por isso mesmo, profundamente poderoso. **Lodo é o que está abaixo da superfície, é o acúmulo daquilo que não foi digerido, processado ou curado.**

Dentro da linguagem simbólica espiritual, o lodo representa os **aspectos mais densos da alma humana**, os **traumas enraizados**, os **medos inconscientes**, as **memórias dolorosas que continuam vibrando nas sombras do espírito**. É o território do não dito, do não resolvido, do que precisa ser revolvido para, enfim, ser transformado.

Assim, o nome **Pombagira do Lodo** revela uma entidade que **atua onde ninguém quer ir**. Ela mergulha onde há mágoa cravada, ressentimento cultivado, vergonha escondida e desejos negados. Ela é aquela que *não tem medo de sujar os pés para resgatar o que ainda pode florescer.*

Não há um registro histórico exato com esse nome em figuras da cultura brasileira, mas o simbolismo da lama, do lodo, é antigo e atravessa diversas tradições espirituais.

No **mito da criação do ser humano nas culturas afro-brasileiras**, por exemplo, o ser humano foi moldado a partir do barro, da terra úmida — uma mistura de água e terra, ou seja, **do próprio lodo sagrado**. Em outras palavras, é no lodo que a vida nasce e que o divino molda o humano.

Religiosamente, o lodo aparece como **símbolo de transformação profunda**. No esoterismo, representa a *matéria bruta da alma*, aquela que precisa ser purificada no fogo do autoconhecimento. No Candomblé e na Umbanda, entidades ligadas à esquerda e ao mistério são frequentemente associadas a esse trabalho de "descer ao fundo" para curar o que está escondido.

Pombagira do Lodo geralmente surgem em casas de trabalho espiritual mais voltadas à **cura interior**, ao **desmanche de demandas antigas** e **ao resgate de pessoas aprisionadas por dores que não conseguem nomear.** Ela pode ser confundida com espíritos mais "pesados", quando, na verdade, sua atuação é **sutil, profunda e completamente voltada à transformação verdadeira.**

É importante dizer que essa Pombagira **não atua para desejos passageiros, não se manifesta com frivolidades**. Ela trabalha com quem **está disposto a olhar para dentro com coragem**. Sua presença é firme, poderosa e, às vezes, pode até causar desconforto — porque traz à tona o que a pessoa vem evitando há anos.

Nos ritos em que aparece, geralmente se manifesta com um **andar firme**, uma **presença enraizada**, uma **voz marcante**. Carrega elementos como a **terra molhada, folhas de limpeza profunda, água de lama negra, punhais e rosas escuras**. Seu giro é mais contido, mas quando gira, **é para limpar, transmutar e renascer.**

Os espíritos que integram a falange de Pombagira do Lodo costumam ter um passado ligado à **exclusão social, ao abandono, à marginalidade emocional ou à repressão sexual.** São espíritos que conheceram o fundo do poço — e voltaram de lá com poder para ajudar outros a fazerem o mesmo.

São entidades muito **inteligentes emocionalmente**, que leem a alma com um olhar. Elas falam pouco, mas falam com precisão. Seus médiuns geralmente são pessoas que já viveram **intensas dores emocionais**, ou carregam em si o chamado para trabalhar com **resgates espirituais profundos**, especialmente para ajudar outros que se encontram perdidos em suas próprias sombras.

A especialidade de Pombagira do Lodo é trabalhar em processos de:

- Cura emocional profunda e trauma não verbalizado;
- Resgate espiritual de pessoas em depressão, vícios ou sentimentos de abandono;
- Quebra de pactos inconscientes que ligam alguém ao sofrimento;
- Limpeza de memórias espirituais impregnadas no corpo e na mente;
- Desobsessão emocional (quando há apego energético de ex-parceiros ou relações passadas);
- Purificação de ambientes onde há energia estagnada, mágoas acumuladas ou memórias de dor.

Ela não entra em guerras espirituais por vaidade, mas **quando sente que há alma querendo se salvar.**

Quando essa Pombagira acompanha um médium, é porque esse médium **carrega potencial enorme de regeneração**, para si e para os outros. São pessoas que precisam aprender a **abraçar suas dores sem vergonha**, a **olhar para a lama da própria história sem culpa** e a **aceitar que há poder também nas partes que foram rejeitadas.**

Ela ensina que a **beleza nasce do caos e que não existe flor de lótus que brote fora do lodo.** Revela ao médium que **não existe luz verdadeira sem que antes se encare a escuridão.**

Sua presença é um **chamado ao mergulho profundo**, ao silêncio, ao autoconhecimento visceral. Ao mesmo tempo, é um abraço maternal de quem diz:

> *"Você não está só. Eu estive lá no fundo também. É por isso que agora eu posso lhe ajudar a sair."*

Rainha das Sete Encruzilhadas

O nome **"Rainha das Sete Encruzilhadas"** carrega uma força arrebatadora. É título de realeza espiritual e também uma designação de poder sobre um dos símbolos mais sagrados das religiões afro-brasileiras: a encruzilhada.

A **encruzilhada** é o lugar onde os caminhos se cruzam — e, simbolicamente, é onde **todas as decisões, todos os destinos e todas as possibilidades** se apresentam ao mesmo tempo. É o ponto do livre-arbítrio, da escolha, da transformação e da entrega. A encruzilhada é, sobretudo, o espaço onde **o sagrado e o profano se tocam**.

Quando uma entidade traz o título de **Rainha** sobre esse lugar, ela não é apenas guardiã de um caminho: ela **reina sobre todos os caminhos possíveis.** Conhece as estradas ocultas, os atalhos da alma e os labirintos do desejo humano.

O número **sete** é, por sua vez, um símbolo místico que representa os ciclos espirituais completos: sete dias da semana, sete cores do arco-íris, sete chacras principais, sete notas musicais... É o número da **totalidade, da sabedoria, do mistério e da magia.**

Assim, **Pombagira Rainha das Sete Encruzilhadas** é a mestra suprema das escolhas, do destino, dos mistérios do amor e do poder feminino em sua expressão mais plena e soberana.

Não há uma figura histórica exata chamada "Rainha das Sete Encruzilhadas", pois esse nome nasceu do **arquétipo espiritual coletivo**, surgido na confluência de diversas tradições espirituais que se fundiram no Brasil. Mas é possível perceber a presença dessa força nos mitos de **deusas do destino**, como **Hécate**, na Grécia, **Ereskigal** da Mesopotâmia, ou mesmo **Oxum**, como senhora dos caminhos do coração e das decisões sensíveis.

No Brasil, esse arquétipo se fortaleceu especialmente dentro das linhas da **Umbanda** e de outras tradições, em que se compreende que **cada encruzilhada tem uma regência espiritual própria** e que ali se manifestam entidades que guiam, testam, protegem e orientam.

Na Umbanda, **Pombagira Rainha das Sete Encruzilhadas** é uma entidade altamente respeitada. Ela atua geralmente nas **linhas de cruzo e recondução de caminhos**, seus trabalhos estão sempre ligados à **resolução de conflitos amorosos, abertura de caminhos sentimentais e libertação de amarras emocionais e espirituais.** Ela pode ser vista como uma das grandes soberanas do povo feminino da esquerda, ocupando uma posição de comando e hierarquia entre as falanges de Pombagiras. Ela é cultuada com elementos nobres e fortes.

Manifesta-se com postura ereta, olhar direto, risada confiante. Ela gira com elegância e firmeza, e sua incorporação costuma trazer sensação de **clareza e definição.** Quando ela chega, é como se as perguntas mais confusas encontrassem sua resposta — mesmo que essa resposta, às vezes, seja um "não".

Os espíritos da falange da Rainha das Sete Encruzilhadas são altamente treinados no trato com **dilemas existenciais, relacionamentos complicados, dependências emocionais, desejos reprimidos e escolhas difíceis**.

São entidades que não têm medo de provocar o consulente. Elas não falam apenas o que a pessoa quer ouvir; dizem o que precisa ser dito. Com classe, com presença, com amor — mas também com firmeza.

Seus médiuns, sejam mulheres ou homens que a incorporam, costumam ter um magnetismo acentuado, uma sensibilidade intuitiva profunda, e são chamados para **abrir os caminhos de outras pessoas**. Quem carrega essa Pombagira ao lado, muitas vezes enfrenta **desafios em saber escolher o melhor para si** — então esse espírito vem justamente para **ensinar o poder da escolha e da soberania interior.**

A Rainha das Sete Encruzilhadas atua especialmente em:

- Abertura de caminhos amorosos;
- Corte de energias estagnadas em relacionamentos;
- Romper ciclos repetitivos afetivos;
- Ajudar em decisões importantes de vida;
- Resgate da autoestima e do amor-próprio;
- Destravar situações confusas ou indecisas;
- Fortalecer a coragem de escolher com sabedoria.

Ela também é invocada quando uma pessoa está entre **duas opções de vida**, sem saber qual caminho seguir — e atua como **espelho da verdade da alma**.

Quando a **Pombagira Rainha das Sete Encruzilhadas** acompanha um médium, é sinal de que **ele está em um ponto crucial da jornada de sua alma.** Ou já passou por muitas bifurcações difíceis na vida, ou tem uma missão de guiar outras pessoas em momentos de encruzilhada.

Esse espírito não aceita estagnação. Se o médium se acomoda, ela sacode. Se o médium duvida, ela provoca. Se o médium se perde, ela clareia — mas com a exigência de que ele caminhe com dignidade.

Ela ensina, antes de tudo, que **"toda encruzilhada é uma bênção disfarçada, e toda escolha feita com verdade e amor é um portal aberto para a própria liberdade".**

Pombagira da Calunga, Pombagira do Cemitério, Pombagira das Almas

O nome **Calunga** carrega consigo um peso ancestral, simbólico e profundamente espiritual. Sua origem remonta às tradições africanas trazidas para o Brasil durante o Período Colonial. Na língua kimbundu, de origem banto, a palavra **"Kalunga"** pode significar tanto **"grande mar", "imensidão" ou "força divina"**, como também é associada a **cemitério** ou **mundo dos mortos**, dependendo do contexto.

No Brasil, especialmente nas religiões de matriz africana, a palavra **Calunga** ganhou dois sentidos distintos:

Calunga Grande: o mar, a imensidão do oceano, onde habita Iemanjá e outras forças aquáticas.

Calunga Pequena: o cemitério, o campo-santo, o reino dos ancestrais, onde habitam as forças da morte, do renascimento e da ancestralidade.

Quando uma Pombagira se apresenta como **"da Calunga"**, ela está profundamente relacionada aos **mistérios da morte e da vida**, do **fim de ciclos e da travessia espiritual**, das **memórias ancestrais** e dos **renascimentos da alma**.

O termo "Calunga" está entre os mais antigos e simbólicos do universo espiritual afro-brasileiro. No período da escravidão, os africanos usavam essa palavra para se referir ao mar que os separava de sua terra natal e, posteriormente, à experiência da travessia espiritual que era a morte.

A **Pombagira da Calunga**, portanto, carrega o arquétipo da **mulher que conhece os mistérios da morte e do renascimento**, que **transita entre os mundos, resgata os perdidos, cura traumas enraizados** e **liberta os vivos das correntes invisíveis deixadas pelos mortos — e pelas dores não enterradas.**

Ela não é uma entidade "da morte", no sentido negativo. Muito pelo contrário, **ela representa a libertação espiritual de tudo o que já deveria ter morrido dentro de nós, mas ainda vive — bloqueando-nos, atrasando-nos, adoecendo-nos.**

Na Umbanda, a Pombagira da Calunga é uma entidade **de altíssimo grau espiritual**, que atua geralmente na **cura de processos obsessivos graves**, na **libertação de espíritos sofredores**, no **corte de vínculos com energias mortas (pessoas, relações ou situações que já se encerraram, mas continuam sugando energia)**.

Sua atuação costuma estar conectada com os campos de energia da **Calunga Pequena**, ou seja, os cemitérios, campos-santos e cruzes. Por isso, seus trabalhos espirituais muitas vezes são feitos **nas encruzilhadas de cruzeiro, nas sepulturas, nos rituais de descarrego ou de limpeza profunda.**

Ela também é evocada em casos de **lutos não superados, de dores ancestrais passadas de geração em geração** e de **espíritos que ainda estão ligados a seus familiares por pactos inconscientes.**

Nas giras, sua incorporação é solene, forte e respeitosa. Sua presença carrega **mistério, maturidade, compaixão e força ancestral.** Geralmente, chega com voz firme, olhar profundo e gestos que demonstram domínio espiritual.

Os espíritos da falange de Pombagira da Calunga são, em sua maioria, **grandes curadores espirituais**, com histórico de **dor, abandono, humilhação e morte precoce**, que transcenderam suas experiências e agora **atuam como guias de libertação e transformação.**

Essas entidades carregam uma conexão ancestral intensa. Muitas delas estiveram em situações de **repressão, violência ou abandono social**. Por isso, aproximam-se de pessoas que, nesta encarnação, **carregam dores profundas, traumas do passado ou vínculos com histórias familiares de sofrimento.**

Elas também costumam vir para médiuns que têm um campo de sensibilidade espiritual mais aberto ao plano ancestral — muitas vezes pessoas que sentem a dor dos outros com facilidade, que têm intuições ligadas a mortes, lutos, doenças ou memórias antigas.

Pombagira da Calunga atua principalmente em processos como:

- Corte de vínculos energéticos com pessoas falecidas;
- Desligamento de relações que "morreram", mas ainda vivem dentro da alma;
- Cura de traumas familiares e ancestrais;
- Libertação espiritual de pactos e laços não conscientes;
- Descarrego de espíritos obsessores ou vampirizações emocionais;
- Abertura de caminhos após períodos de luto ou perdas;
- Encaminhamento de espíritos sofredores ligados ao consulente.

Ela é, portanto, **senhora dos sepultamentos emocionais**, aquela que **fecha túmulos abertos dentro da alma** e **planta flores onde só havia dor.**

Quando uma Pombagira da Calunga acompanha um médium, é porque esse médium **tem ou terá o chamado de trabalhar com os mortos** — não no sentido mórbido, mas no sentido de **transmutar as dores que foram deixadas pelos que se foram.**

Esse médium, muitas vezes, teve **experiências precoces com a morte**, lutos difíceis, perdas de entes queridos, ou nasceu em famílias marcadas por histórias dolorosas que nunca foram bem resolvidas.

Ela ensina que é preciso **enterrar o que já morreu**, simbólica e espiritualmente, para que a vida possa florescer.

Sua presença traz uma sabedoria que diz:

> **"Nem tudo que sangra está vivo. Nem toda saudade é amor. Nem todo vínculo merece ser eterno. O que precisa ir, que vá em paz. E o que tem de nascer, que venha com força".**

Pombagira Cigana

O nome "**Pombagira Cigana**" é, por si só, carregado de camadas simbólicas e históricas que se cruzam. Ao unir os dois termos — *Pombagira* e *Cigana* — o nome revela uma entidade espiritual feminina que **traz em si a força do Sagrado Feminino** e, ao mesmo tempo, **a sabedoria ancestral do povo cigano**.

O termo "cigana" vem do latim *aegyptanus*, que deu origem a "Gitano", e mais tarde "Cigano" — por se acreditar que esse povo era oriundo do Egito. Na verdade, os ciganos têm origem nas regiões da Índia e migram pelo mundo há séculos, levando com eles uma **tradição de liberdade, intuição, magia, leitura dos sinais e comunhão com a natureza**.

Ao incorporar o título "Cigana", essa Pombagira nos apresenta um **perfil de entidade livre, intuitiva, encantadora, sensual e profundamente conectada aos mistérios do destino**, das escolhas e dos encantamentos. É uma Pombagira que carrega nas saias as histórias de milênios e dança não apenas com o corpo, mas com a alma e o tempo.

No plano espiritual, a **Pombagira Cigana** representa a **liberdade do espírito feminino** — aquela que não se submete aos padrões impostos, **não aceita ser aprisionada emocional ou espiritualmente** e **carrega o poder da escolha, da sedução consciente, da beleza interior e da sensibilidade espiritual**.

Ela é uma grande representante das **forças encantadoras do feminino ancestral**, aquela que lê a alma dos outros como quem lê cartas. Percebe o não dito, sente os silêncios e entende as entrelinhas.

As ciganas — na tradição espiritualista — sempre estiveram ligadas à **adivinhação, ao mistério, ao oráculo, à magia do amor, aos perfumes, às danças, ao ouro, às velas e às frutas**. A Pombagira Cigana é a síntese espiritual de tudo isso, mas **com a força da esquerda, com a ousadia e com a coragem de quem não tem medo de enfrentar as sombras — nem as próprias, nem as dos outros.**

Na Umbanda, a **Pombagira Cigana** atua como falange independente, muitas vezes ligada aos tronos da esquerda. Também é associada à linha das almas encantadas e dos Exus Ciganos. Ela vem **para iluminar os caminhos do coração**, **despertar a intuição**, **abrir os olhos do consulente** e **resgatar a autoestima e a confiança em si**.

Embora nem todas as Pombagiras Ciganas sejam literalmente espíritos que viveram como ciganas em suas últimas encarnações, **carregam em suas memórias espirituais experiências ligadas à liberdade, à rejeição das normas sociais opressoras e à força das escolhas pessoais**.

São entidades que **atuam fortemente com oráculos**, com a **magia natural**, com os **segredos do amor**, e são chamadas para **ajudar pessoas que se sentem aprisionadas emocionalmente**, perdidas em si mesmas ou buscando reconquistar sua autoconfiança.

Os espíritos da falange da Pombagira Cigana costumam ser descritos como **alegres, vibrantes, intensos, sedutores e sábios**. Não são apenas entidades encantadoras — são **curadoras espirituais, mulheres que dançam para transformar, sorriem para revelar a verdade, usam o perfume e a beleza como ferramentas de empoderamento e não de submissão**.

Elas se aproximam, geralmente, de pessoas que:

- Estão confusas sobre seus próprios caminhos amorosos;
- Sentem-se emocionalmente presas ao passado;
- Precisam recuperar a autoestima e a força da escolha;
- Têm dons intuitivos e precisam desenvolvê-los;
- Estão prontas para tomar decisões importantes em sua vida amorosa e pessoal.

A especialidade da Pombagira Cigana está em:

- Quebrar encantamentos emocionais que aprisionam;
- Ajudar a mulher (ou o homem) a reencontrar sua autoconfiança e sedução natural;
- Curar feridas deixadas por relações passadas que minaram o brilho pessoal;
- Ensinar o amor-próprio, o encantamento pela própria história, o orgulho de ser quem é;
- Despertar a intuição, o magnetismo e o carisma natural de cada pessoa;
- Auxiliar na abertura de caminhos para novos encontros amorosos e também na reconexão com sua essência espiritual.

Ela também pode ser invocada para trabalhos de:

- Magias de sedução e autoestima;
- Proteção espiritual de relacionamentos;
- Cortes de vínculos tóxicos;
- Desenvolvimento da intuição e da mediunidade sensível;
- Reconstrução da vida afetiva e pessoal.

Quando uma Pombagira Cigana acompanha um médium, é porque este **tem uma alma naturalmente intuitiva, sensível e provavelmente já viveu histórias de aprisionamento emocional, de submissão ou de silenciamento da sua força pessoal**.

Essa entidade chega para ajudar o médium a **reconstruir seu poder pessoal**, a **se reconectar com sua sensualidade sagrada**, a **retomar o controle sobre seus sentimentos e suas escolhas**.

Ela também pode sinalizar que o médium **tem dons naturais ligados à intuição, à leitura espiritual, à expressão artística e à magia do olhar**. Costuma atuar com suavidade, mas quando precisa, **é firme e direta**, e ensina que o amor nunca deve prender — mas sim libertar.

Sua presença é como um **vento morno que sopra no rosto e sussurra verdades antigas**, como quem diz:

> **"Você nasceu para ser livre. Quem lhe amar, que dance com você — e nunca lhe prenda."**

Capítulo 14

Fundamentos da Oferenda

Quando se fala em oferenda dentro das religiões de matriz africana e afro-brasileiras, discorre-se também de uma das formas mais ancestrais de comunicação entre os mundos. Desde os tempos mais remotos da humanidade, a prática de oferecer algo ao sagrado é um gesto de reconhecimento, de reverência e, acima de tudo, de conexão. Nas oferendas, a espiritualidade não vê apenas objetos: ela percebe intenções, escuta desejos, recebe sentimentos e, principalmente, reconhece os caminhos que estamos prontos para trilhar.

É preciso entender que, antes de ser um amontoado de elementos dispostos em um alguidar, a oferenda é uma construção espiritual. Ela começa no instante em que nasce o desejo ou a necessidade dentro de nós. Quando algo nos move — seja uma dor, uma súplica, uma gratidão ou um anseio por transformação — e decidimos nos voltar à nossa entidade, nesse exato instante, o ato da oferenda se inicia. Dali em diante, tudo faz parte do rito: o pensamento que direciona a intenção, o momento em que escolhemos os elementos, o tempo que dedicamos à preparação, o cuidado na montagem, a escolha do local, a vela acesa com fé, a oração silenciosa ou falada — tudo isso forma um elo mágico e energético entre quem oferece e quem recebe.

Dentro das tradições afro-brasileiras, como a Umbanda, a oferenda é uma forma de sacralizar a matéria. É transformar o comum em sagrado. Isso acontece não por conta dos objetos em si, mas por causa da energia que é movimentada por meio deles. É por isso que não importa o valor material do que está sendo ofertado. Uma vela simples pode ser mais poderosa do que um banquete exuberante se estiver carregada de verdade, de fé e de sentido.

Em algumas vertentes de Umbanda e em outras tradições, por exemplo, o sacrifício animal é uma prática comum e profundamente respeitosa, que segue preceitos éticos, religiosos e litúrgicos específicos. Ele representa, entre outras coisas, a entrega de força vital (Axé) ao Orixá ou entidade, de modo a reequilibrar energias e alimentar o sagrado com aquilo que é mais precioso: a própria vida. No entanto, nem toda tradição ou casa de culto utiliza esse recurso. Na Umbanda, especialmente em suas vertentes mais tradicionais, a prática do sacrifício animal é usual.

Cada entidade irá expressar-se conforme a tradição do terreiro, os fundamentos da casa, o entendimento do dirigente e a relação pessoal com o médium. Há Pombagiras que atuam exclusivamente com elementos crus, outras preferem alimentos cozidos, algumas são diretas, outras refinadas, umas se agradam do silêncio, outras fazem questão do tambor. Nenhuma está certa ou errada: estão todas respondendo à configuração do campo espiritual no qual estão inseridas.

A oferenda é, portanto, uma carta energética endereçada ao mundo espiritual. Quando eu entrego uma oferenda à minha Pombagira pedindo, por exemplo, abertura de caminhos, estou construindo um conjunto de mensagens simbólicas: utilizo moedas que representam prosperidade, coloco uma chave como símbolo de passagem e solução, escolho um ponto de força como uma encruzilhada ou a entrada de uma estrada e acendo minhas velas para iluminar o trajeto. Cada item fala por mim. Cada elemento é um verbo no idioma do invisível.

Mas a oferenda também é um processo de reeducação espiritual. Ela me convida a sair do automático e a viver o ritual com consciência. A cortar uma maçã pensando na doçura que desejo para minha vida, a arrumar as rosas como se arrumasse a minha alma, a ajoelhar em gratidão antes de pedir. Quando a oferenda é feita com intenção, ela nos transforma por dentro mesmo antes de atuar por fora.

É fundamental lembrar que os elementos da oferenda não são comida para a entidade. Eles não nutrem a Pombagira como o alimento nutre o nosso corpo físico. O que a entidade absorve, manipula e transforma é o prana daqueles elementos — o axé contido em cada flor, em cada perfume, em cada vela acesa. Por isso, a oferenda funciona como um combustível sutil, um recurso energético que o espírito utilizará para trabalhar por nós, movimentar campos, abrir caminhos, limpar demandas, acalmar pensamentos, impulsionar decisões ou abençoar relacionamentos.

Tudo isso se dá dentro de um tempo mágico, respeitando ciclos, propósitos e a linguagem específica daquela entidade. Uma oferenda pode durar poucos minutos ou se manter ativa energeticamente por dias; depois disso, sua matéria volta a ser apenas resíduo. Por isso, na Umbanda recomenda-se o descarte consciente. Quando possível, usam-se ingredientes biodegradáveis, que possam se decompor sem causar impacto à natureza. Se não for possível, o recolhimento e o descarte adequado devem fazer parte do rito. É incoerente cultuar a vida e agredir o ambiente que a sustenta. Nossa religião é feita de amor, e esse amor também precisa ser ecológico.

Por fim, o que realmente importa é que a oferenda seja verdadeira. Que ela saia de dentro, que seja construída com devoção e não com pressa. Que cada vela seja acesa como se fosse uma estrela pessoal, cada flor um recado íntimo, cada bebida um brinde àquilo que está por vir. Não existe oferenda certa ou errada: existe oferenda com ou sem alma. E a alma da oferenda está em quem a faz.

No próximo capítulo, vamos mergulhar em outro fundamento essencial da relação com as entidades: os assentamentos e as firmezas. Vamos entender o que são, como funcionam e qual a diferença entre esses dois recursos sagrados tão importantes na sustentação do vínculo espiritual entre nós e as Pombagiras.

Capítulo 15

Assentamento e Firmeza

Quando falamos de firmeza ou de assentamento, estamos tratando de algo muito mais profundo do que apenas acender uma vela ou organizar alguns elementos em um prato bonito. Estamos falando da criação de uma ponte real entre mundos. Como toda ponte, ela precisa de base firme, direção clara e intenção bem definida.

A firmeza é, antes de tudo, um ato mágico. É quando você ativa uma energia com um propósito específico. É a sua escolha de se conectar, de movimentar, de direcionar algo. Você pode firmar com palavras, pensamentos, gestos ou elementos. Mas a verdade é: toda firmeza nasce de uma intenção. A vela que você acende só se torna firmeza se você disser por quê. Por qual motivo ela está acesa? O que você está ofertando? O que você está pedindo? Que energia você está ativando ali?

Firmar é criar um campo vibratório, um portal. Esse portal pode durar segundos, minutos, dias... Tudo vai depender da força da sua intenção, da composição dos elementos e da constância com que você alimenta essa energia.

Se você monta uma firmeza e esquece dela, naturalmente ela vai perder força. Mas se todos os dias você se coloca diante dela, mesmo que por alguns segundos, conversa com sua entidade, agradece, pede, compartilha, então você está renovando o laço, reacendendo a conexão e mantendo aquela energia viva. É como uma fogueira: quanto mais você alimenta, mais ela queima. Quanto mais você deixa, mais ela se apaga.

A vela, inclusive, é um grande termômetro das firmezas. A duração da vela, o modo como queima, o comportamento da chama — tudo isso já nos conta sobre a vitalidade da firmeza. Uma vela palito pode durar algumas horas e sustentar uma intenção de curto prazo. Já uma vela de sete dias, ou de 21 dias, mantém a firmeza ativa por muito mais tempo. Ainda assim, se você não se relaciona com ela nesse período, ela se esvazia. A firmeza não é só feita com elementos, ela é feita com presença.

Você pode firmar para o anjo da guarda, para Exu, para Pombagira, para os Orixás, para sua própria força interior. Pode firmar para pedir proteção, abrir caminho, garantir segurança em uma entrevista de emprego, ajudar em uma conversa difícil, atrair uma oportunidade ou até fortalecer sua intuição antes de um encontro amoroso. Firmeza é ferramenta simples, poderosa e acessível.

Agora, o **assentamento** é outra coisa. Ele é uma estrutura espiritual mais complexa, mais robusta e — quase sempre — atrelada a um processo iniciático. Ninguém deveria sair por aí fazendo assentamento como se estivesse montando um altar de enfeite. O assentamento não é um pote com objetos e pedra dentro. O assentamento é resultado de uma consagração. É fruto de uma iniciação. É símbolo de um elo profundo entre aquele médium e o espírito ou divindade que ali foi assentado.

O assentamento torna-se um ponto de poder contínuo. Não se apaga sozinho, não se desfaz com o tempo. Ele está sempre ativo. Mas como tudo que tem poder, ele exige responsabilidade. Porque tudo o que for movimentado ali, tudo o que se abalar ali, reflete diretamente na vida de quem carrega esse assentamento. É um elo energético permanente. Por isso, ele precisa de cuidados. Reza, alimentação, firmeza, limpeza, manutenção. O assentamento é uma fonte espiritual viva — e deve ser tratado como tal.

Enquanto a firmeza é momentânea e específica, o assentamento é permanente e profundo. A firmeza pode ser feita por qualquer pessoa. O assentamento, não. Firmeza é uma ativação. Assentamento é um compromisso fixo.

Por isso, antes de decidir firmar ou assentar, é importante entender que ambas as práticas são sustentadas por três pilares essenciais — esses pilares eu já compartilhei em outras obras, como no meu livro *Exu.*[1] Eles são:

Energia — O que está sendo ativado ali? Qual força espiritual você está movimentando?

Simbologia — O que os elementos usados representam? Que linguagem o seu altar está falando para o plano espiritual?

Determinação/Evocação — Qual é o objetivo? Qual é a finalidade clara que você está sustentando naquela firmeza ou naquele assentamento?

Esses três pilares são o alicerce da magia de Umbanda. Sem eles, você não está firmando nada. Está apenas organizando elementos aleatoriamente.

E aqui, um ponto importante: muita gente pergunta sobre o uso de animais nas oferendas e nos assentamentos. O **sacrifício animal** é uma prática tradicional e ancestral, muito comum em várias vertentes das religiões afro-brasileiras. E sim, há Pombagiras que trabalham com essa força — especialmente dentro dos cultos mais próximos da Quimbanda e de determinadas vertentes do Candomblé. No entanto, essa prática vai depender diretamente da doutrina que você escolhe seguir, da casa que você frequenta, da tradição à qual está vinculado.

1. Ver *Exu: Fundamentos, Firmezas e Oferendas*, publicado pela Madras Editora.

Na doutrina de Umbanda do Templo Escola Casa de Lei, por exemplo, essa prática não é comum. Mas respeitamos profundamente aqueles que a realizam com fundamento, ética e respeito à vida. Isso também faz parte da nossa responsabilidade espiritual: conhecer, respeitar e escolher conscientemente o caminho que desejamos trilhar.

Seja uma firmeza feita com um copo de água e uma vela ou um assentamento consagrado em um ritual de iniciação, o mais importante é saber que tudo começa em você. Na sua intenção. No seu desejo real de conexão. E na sua disposição para sustentar aquilo que você quer receber da espiritualidade.

Conheça a seguir um pouco mais sobre os três pilares essenciais que citei anteriormente.

Pilar 1: Energia

De todos os elementos, o mais importante para o sucesso de um ritual ou firmeza é o emprego de elementos que produzam espontaneamente energia, denominada também axé, moio, prana, magnetismo, ectoplasma.

Praticamente tudo o que se faz de maneira ritualística na Umbanda é feito em busca de manipular forças naturais para uma finalidade específica, ou seja, é aquilo que se convencionou a chamar de Magia.

Classificamos por elementos de axé aqueles fornecidos originalmente pela natureza e que carregam algum tipo de vida em si. Em algumas culturas afro, há o que conhecemos por "tipos de ejé", isto é, os tipos de sangue existentes na natureza: vermelho, branco e preto, que estão presentes nos reinos animal, mineral e vegetal e configuram a parte material, visível e palpável da força vital.

Magnetismo vegetal:

- Ervas;
- Sementes;
- Raízes;
- Grãos;
- Cascas;
- Flores.

Magnetismo mineral:

- Pedras;
- Cristais;
- Otás (itá, okutá);
- Carvão.

Magnetismo animal:

Os animais e os seres humanos fazem parte de um grupo que carrega energias vitais ímpares, com maior densidade e capacidade de interação com outros perfis energéticos. Esse caráter de magnetismo apresenta em sua estrutura uma complexidade maior de componentes naturais, o que torna cada um de nós um conglomerado de axés e poderes. O que normalmente se utiliza dos animais nessa categoria são:

- Dentes;
- Peles;
- Penas;
- Garras/unhas;
- Chifres;
- Cinzas;
- Ossos;
- Saliva;
- Sêmen.

Pilar 2: Simbologia

Os elementos dessa categoria são compostos principalmente por simbologia, os quais, por regra, produzem energia e atuam de forma espontânea, mas de modo diferente dos elementos citados no tópico anterior.

O conceito de simbologia faz referência ao sistema de símbolos associados aos diferentes atributos de algum elemento. No contexto ritualístico, quando se conhecem a simbologia e as suas interpretações, a manipulação das forças de uma firmeza, uma oferenda ou um ritual torna-se mais precisa e assertiva.

A simbologia que damos a cada elemento faz dele mágico quando direcionado em um ritual cuja finalidade é a mesma da representação. Colocar moedas douradas em uma firmeza de Pombagira para atrair dinheiro, por exemplo, é um ato simbólico que condiz com a intenção depositada na firmeza.

Pilar 3: Determinação/Evocação

Enquanto Exu é o poder de comunicação, Pombagira é a intenção antes de haver tal comunicação, ou seja, ela está presente no íntimo das nossas intenções, dos nossos desejos e impulsos, mesmo antes de eles serem externados. Para que tenhamos êxito no que estamos buscando por meio da magia, é necessário saber externar com clareza e consciência o que se está buscando.

É preciso que sejamos capazes de externalizar para o mundo os nossos desejos mais íntimos, pois só assim criaremos no plano da matéria a realidade que idealizamos na mente. Não podemos desejar amor, afeto, carinho, paz se, com a nossa boca, declaramos, frequentemente, o contrário.

Para fundamentar um ritual, com base no conceito dos três pilares, a evocação correta e a determinação consciente, somadas ao que citamos anteriormente, farão a magia de fato acontecer.

O que na verdade as entidades esperam de nós é que, se estamos precisando de proteção para a nossa casa, além de reunir os elementos certos e organizá-los conforme sua simbologia, clamemos também por proteção: devemos dizer com segurança e certeza para elas o que esperamos que realizem a nosso favor. Sem a intenção e o direcionamento, as energias ficam dispersas e com pouca efetividade.

Nesse sentido, passamos a descrever a seguir alguns elementos que podem ser empregados em suas firmezas de Pombagira. Mas ao fazê-lo, lembre-se sempre de utilizar os três pilares que acabamos de descrever.

Capítulo 16

Elementos e seus Significados

Leque

Acredita-se que o leque teve origem na China do século VII, apesar de ser retratado, desde a Antiguidade, em pinturas murais do Egito, da Assíria e da Pérsia.

Instrumento utilitário de fazer vento, utilizado como adereço, teve sua linguagem estabelecida definitivamente nas cortes francesas do século XVIII, principalmente no governo dos reis Luís XIV e Luís XV.

No Brasil, a utilização dos leques foi mais difundida no século XIX com a vinda da Família Real Portuguesa.

As Pombagiras utilizam o leque porque muitas viveram em séculos passados, quando o uso desse adereço era um forte costume cultural, considerado símbolo de luxo e elegância. Mas, além do motivo simbólico, as Pombagiras utilizam essa ferramenta para movimentar energias e fazer sua magia, com movimentos e diferentes posicionamentos do leque em relação ao corpo.

Há uma fala de uma dama da sociedade francesa, chamada Madame de Stäel, que retrata a importância do leque em séculos passados: "Há tantos modos de se servir de um leque que se pode distinguir, logo à primeira vista, uma princesa de uma condessa, uma marquesa de uma *routuriere*. Aliás, uma dama sem leque é como um nobre sem espada."

Azeite de dendê

O azeite de dendê, também conhecido como óleo de palma, foi introduzido no Brasil pelos africanos escravizados, que trouxeram consigo suas tradições e práticas religiosas. Esse óleo, extraído da polpa do fruto da palmeira de dendê (*Elaeis guineensis*), é conhecido por sua cor vermelha vibrante e suas propriedades energéticas. Na África, o dendê é utilizado em rituais para invocar os Orixás e como oferenda para divindades que governam a prosperidade e a vitalidade.

Quando se trata de Pombagira, o azeite de dendê é utilizado de maneira a propiciar uma energia mais fria, contrastando com o uso do mesmo óleo para Exu, o qual é empregado para elevar e potencializar o poder de ação mágico. Em rituais para Pombagira, o dendê é utilizado para trazer calmaria, baixar os ânimos e diminuir o ímpeto sexual ou sentimentos possessivos. Essa aplicação busca equilibrar as energias e promover a harmonia emocional e espiritual dos consulentes.

O azeite de dendê, com suas propriedades calmantes e equilibradoras, é usado em situações em que há necessidade de pacificação e controle de emoções intensas. A cor vermelha do dendê, embora vibrante, simboliza a transformação e a canalização das energias de maneira controlada e harmoniosa. Ao ser utilizado nas oferendas para Pombagira, o azeite de dendê ajuda a estabilizar as vibrações e a criar um ambiente de serenidade e equilíbrio.

Espelhos

Desde tempos imemoriais, os espelhos foram associados ao mistério da alma e ao reflexo do invisível. No Egito Antigo, eram considerados instrumentos mágicos e usados em rituais para captar a imagem e o espírito. Na Grécia, acreditava-se que os espelhos de bronze podiam revelar presságios. Nas cortes europeias, o espelho tornou-se símbolo de vaidade, poder e revelação interior.

As Pombagiras utilizam o espelho porque ele é ferramenta de autoconhecimento, capaz de expor o que está oculto e refletir energias, tanto as que atraem quanto as que precisam ser repelidas. Quando Pombagira ergue um espelho, ela nos convida a olhar para dentro e enxergar, sem máscaras, quem de fato somos.

Capa

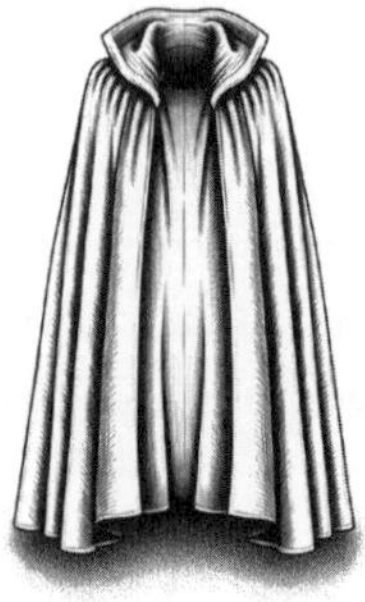

Apesar de ser mais comumente utilizada pelos Exus, a capa também faz parte da vestimenta sagrada de algumas Pombagiras, carregando consigo um profundo simbolismo. Esse elemento do traje é muito mais do que um adereço visual; ele serve como um poderoso escudo contra energias negativas externas, protegendo a entidade durante seu trabalho espiritual e contra a vibração negativa que pode emanar do próprio médium.

A capa representa um manto de mistério e poder, atuando como um ocultador de tudo o que está abaixo dela. Esse aspecto ocultador é fundamental para preservar os segredos e as magias que envolvem o trabalho espiritual realizado pela Pombagira. Ao cobrir seu corpo com a capa, a entidade mantém ocultos os mistérios do seu ofício, garantindo que apenas aqueles preparados possam acessar esses conhecimentos.

Além de sua função protetora, a capa também desempenha um papel ativo durante os atendimentos espirituais. As Pombagiras frequentemente passam suas capas sobre os consulentes, para envolvê-los em seus encantos e magias. Esse gesto simboliza a transmissão de proteção, cura e bênção, envolvendo o consulente em uma aura de energia positiva e proteção espiritual.

A capa, nesse contexto, funciona como um canal pelo qual a Pombagira pode transferir suas dádivas e garantir que o consulente saia do atendimento fortalecido e amparado.

Braceletes e pulseiras

O uso de braceletes acompanha a humanidade desde a Suméria e o Egito, onde representavam nobreza e proteção. Entre romanos e gregos, pulseiras eram oferecidas aos deuses como objetos votivos. No século XIX, tornaram-se símbolos de feminilidade e *status*.

As Pombagiras utilizam braceletes e pulseiras não apenas como ornamentos, mas também como símbolos de poder, capazes de representar vínculos energéticos: amarrar, soltar, prender ou libertar. Carregar essas peças nos braços é uma afirmação da força feminina, da vaidade sagrada e do direito de enfeitar-se com o brilho do mundo.

Ferro

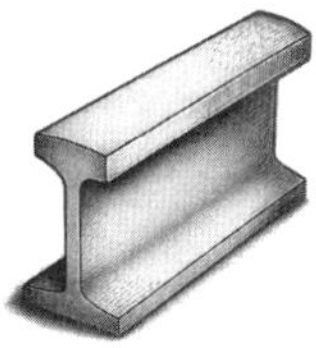

Nos rituais de Pombagira, o ferro é utilizado de diversas maneiras, atuando como condutor de energia e elemento de defesa espiritual. Objetos de ferro, como pregos, ferraduras, punhais e outros instrumentos, são consagrados e empregados para criar barreiras energéticas que impedem a entrada de influências negativas e asseguram a proteção do ambiente ritualístico.

Quando utilizado em firmezas e assentamentos, esse metal atua como um escudo que protege contra ataques espirituais e feitiçarias, garantindo que as energias invocadas permaneçam puras e direcionadas. Essa propriedade faz do ferro um elemento fundamental na criação de objetos de poder, como talismãs e amuletos, que são carregados com o axé necessário para a proteção contínua dos devotos.

Além de sua função protetora, o ferro é associado ao poder de transformação e mudança. Nas mãos de Pombagira, ele simboliza a capacidade de cortar laços e obstáculos, permitindo a abertura de novos caminhos e a remoção de bloqueios energéticos.

O ferro também carrega uma ligação direta com os Orixás, especialmente Ogum. Na Umbanda, a conexão entre Ogum e Pombagira é manifesta na utilização do ferro como um elemento que combina a força marcial de Ogum com a astúcia e a capacidade de transmutação de Pombagira. Seu uso enriquece os trabalhos espirituais, oferecendo segurança, poder e capacidade de transmutar energias.

Sapatos de salto

Os sapatos de salto surgiram no Egito e na Pérsia como adereços de distinção, usados por guerreiros e nobres para marcar hierarquia. Na Europa do século XVII, ganharam força entre reis como Luís XIV, que via neles um símbolo de poder e imponência.

Apenas depois foram associados ao universo feminino, representando luxo e elegância. Podemos usar em um altar, na tronqueira, em uma firmeza ou magia um sapato de salto como símbolo de poder, autoridade e soberania de Pombagira sobre alguma situação. O salto alto simboliza decisão, autoconfiança e autoridade. É ferramenta de magnetismo, impondo respeito por onde as Pombagiras passam.

Tridente

O tridente é um símbolo de grande importância na Linha de Esquerda da Umbanda, utilizado tanto pelos Exus quanto pelas Pombagiras e pelos Mirins. Esse instrumento representa a tripla polaridade que caracteriza essas entidades: o positivo, o negativo e o neutro. Cada uma dessas polaridades desempenha um papel fundamental na dinâmica espiritual.

A ponta positiva do tridente é responsável por irradiar energia, emanando vibrações positivas que auxiliam na proteção e no fortalecimento espiritual. Já a ponta negativa tem a função de absorver as energias negativas, limpando e purificando o ambiente e as pessoas envolvidas no ritual. A ponta neutra, por sua vez, simboliza a necessidade de ativação e equilíbrio da entidade, representando a harmonia entre as energias positivas e negativas.

O uso do tridente nos rituais, seja como ferramenta, objeto ou símbolo riscado, serve como um potente recurso para despertar o axé do mistério de Exu, ao qual Pombagira também se nutre energeticamente. Esse símbolo é invocado para canalizar e potencializar as forças espirituais, facilitando a conexão entre o plano material e o espiritual.

Durante os rituais, o tridente é frequentemente usado para riscar pontos de força no chão, delimitando espaços sagrados e ativando a energia necessária para o trabalho espiritual. Ao empunhar o tridente, a Pombagira canaliza seu poder e direciona suas intenções, utilizando a simbologia das três pontas para harmonizar, proteger e transformar.

Fitas de cetim

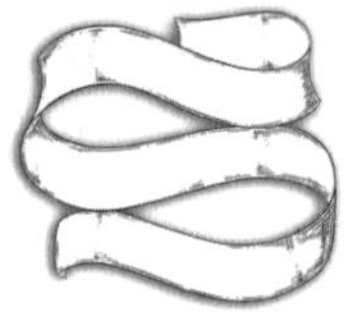

As fitas sempre foram usadas em diferentes culturas como símbolos de união e destino. Na Idade Média, cavaleiros recebiam fitas de suas damas como talismãs de proteção. Nas tradições populares, eram oferecidas em romarias como votos de fé.

As Pombagiras utilizam as fitas de cetim como instrumentos mágicos de laço e corte. Uma fita vermelha pode unir afetos e despertar paixão, enquanto uma preta pode representar o rompimento de vínculos e a libertação de dependências. Em suas mãos, a fita deixa de ser adereço e se torna feitiço.

Palha-da-costa

A palha-da-costa é um elemento de grande relevância no culto afro-brasileiro, especialmente dentro da Umbanda, em que é utilizada nos rituais de Pombagira, com destaque para as Pombagiras das Almas e do Cemitério. Essa fibra vegetal, retirada de uma palmeira africana, é tradicionalmente empregada para preservar e intensificar o axé, protegendo a sacralidade dos rituais e dos objetos sagrados.

Na Umbanda, a palha-da-costa é usada para cobrir e envolver elementos sagrados, como oferendas, assentamentos e firmezas, com o intuito de ocultar e preservar a energia espiritual ali concentrada. Esse material tem a capacidade de manter o axé guardado, intensificando suas propriedades ao longo do tempo.

A palha-da-costa é especialmente comum nos rituais de Pombagira das Almas e do Cemitério, em que sua função de ocultamento e preservação é ainda mais valorizada. Essas Pombagiras, que trabalham em ambientes de transição entre o mundo dos vivos e o dos espíritos, utilizam a palha-da-costa para criar um manto de proteção que resguarda a sacralidade dos rituais e das comunicações espirituais realizadas nesses contextos. Ela ajuda a concentrar as energias das entidades e a manter a conexão com o plano espiritual de forma segura e protegida.

Pentes

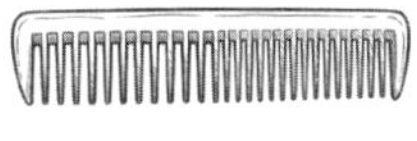

Durante o Período Neolítico, pentes eram confeccionados em ossos, marfim e madeira, sendo usados tanto para a estética quanto para rituais mágicos. Na Antiguidade, povos acreditavam que pentear os cabelos era alinhar pensamentos e afastar maus espíritos. Entre bruxas medievais, o pente era considerado objeto de poder.

As Pombagiras utilizam o pente como símbolo de organização interna: assim como arruma os fios, alinha emoções, desejos e intenções. Nos ritos, o pente representa a clareza mental; na magia, pode simbolizar e despertar a energia do desembaraço dos nós e travas do caminho.

Perfumes

A arte da perfumaria nasceu no Egito e na Mesopotâmia, ligada a cultos sagrados e à invocação dos deuses. O nome perfume vem do latim *per fumum*, que significa "através da fumaça", remetendo aos incensos usados em rituais. Na Idade Média, os perfumes eram considerados remédios da alma e símbolos de *status*.

As Pombagiras utilizam-se dos perfumes como assinatura energética, pois o aroma é memória e também poder. Ao borrifar um perfume, ela espalha encantamento pelo ar e fixa sua presença no ambiente, deixando a marca invisível de sua magia.

Taças de cristal

A taça é um dos símbolos mais antigos de receptividade e fertilidade. Desde os ritos gregos de Dionísio até a Taça do Graal medieval, esse objeto sempre esteve ligado ao mistério do vinho e ao prazer sagrado. No Brasil, a taça de cristal ganhou espaço como elemento de celebração.

As Pombagiras utilizam taças como representação do prazer, da abundância e da partilha. Ao enchê-la de vinho, licor ou champanhe, consagram o ato de beber como ritual de vida, magnetismo e celebração do corpo e da alma.

Farinha de mandioca

A mandioca, um tubérculo que se esconde na terra e absorve os nutrientes da superfície durante um longo período, carrega um simbolismo profundo e poderoso nas oferendas de Pombagira. Quando utilizada em rituais, especialmente em padês e oferendas, a farinha de mandioca torna-se um elemento essencial de condensação de axé, sendo extremamente útil para diversas finalidades mágicas.

O ciclo de crescimento da mandioca, que envolve sua permanência oculta no solo enquanto acumula energia e nutrientes, reflete a natureza de Pombagira, que trabalha nas profundezas das questões espirituais e emocionais, trazendo à superfície soluções e transformações. Esse processo de absorção e transformação de nutrientes torna a farinha de mandioca uma substância carregada de energia vital, pronta para ser utilizada em rituais de cura, proteção e encantamento.

Nas oferendas de Pombagira, a farinha de mandioca é empregada para potencializar o axé, canalizando as energias necessárias para alcançar os objetivos desejados. Esse ingrediente é valorizado por sua capacidade de atrair e fixar as vibrações espirituais, criando uma base sólida para a manifestação dos desejos e intenções dos praticantes. A farinha de mandioca, com sua capacidade de absorver e transformar, simboliza a própria essência do trabalho de Pombagira, que atua de forma intensa e profunda nos planos espirituais.

Além de sua função mágica, a farinha de mandioca também representa a ligação com a terra e a ancestralidade, lembrando-nos da conexão com nossos antepassados e a sabedoria acumulada ao longo do tempo. Ao utilizar a farinha de mandioca nas oferendas, estamos não apenas invocando o poder de Pombagira, mas também honrando as raízes e as tradições que sustentam a prática da Umbanda.

Lenços

Os lenços foram símbolos de *status* desde o Império Romano, usados por generais como insígnias. Na Idade Média e no Renascimento, eram oferecidos como prova de amor. No Oriente, sempre representaram mistério e sensualidade, ocultando e revelando o rosto feminino.

As Pombagiras utilizam lenços como símbolos de segredos e poder. Em suas mãos, o lenço pode ocultar dores, revelar verdades ou envolver pedidos como se fossem segredos guardados até o momento certo de se manifestarem.

Moeda e dinheiro

As moedas, frequentemente associadas ao conceito de "paga de Exu", também têm um papel significativo nas oferendas para Pombagira. Elas simbolizam o desapego material daquele que as oferece, refletindo a disposição do devoto em liberar as energias ligadas ao dinheiro para que ele possa circular livremente, atraindo abundância e prosperidade. O ato de ofertar moedas aviva o magnetismo movimentador, uma força que está diretamente relacionada ao fluxo constante de energias materiais e espirituais, representado pelo movimento do dinheiro de "mão em mão".

No contexto dos rituais, as moedas e o dinheiro são utilizados para potencializar pedidos de prosperidade, seja em termos financeiros, amorosos ou espirituais. Ao serem consagradas e oferecidas a Pombagira, essas moedas servem como canal para que as energias da prosperidade sejam ativadas e manifestadas em abundância. O movimento contínuo das moedas, seu som e sua passagem entre as mãos evocam o dinamismo necessário para que as energias estagnadas sejam liberadas, permitindo que a abundância flua em todas as direções.

Além disso, as moedas também simbolizam o equilíbrio entre o dar e o receber. Ao oferecer dinheiro ou moedas, não apenas expressamos nossa gratidão e respeito pela entidade, mas também criamos um espaço energético que permite o retorno de bênçãos e prosperidade. Esse ciclo de troca reforça a conexão entre nós e a Pombagira, estabelecendo uma relação de confiança e reciprocidade, que é essencial para o sucesso espiritual.

Joias (verdadeiras ou bijuterias consagradas)

As joias sempre foram símbolos de riqueza e poder desde os tempos da Babilônia e do Egito. Mas, na Umbanda, não importa o valor material: o que vale é o simbolismo. Para Pombagira, uma joia é afirmação da dignidade, do valor próprio e da beleza interior. Ao oferecer uma joia, mesmo uma bijuteria consagrada, reafirmamos que o brilho verdadeiro está na alma e que o sagrado merece ser adornado com aquilo que representa nosso melhor.

Búzios e conchas

Os búzios e as conchas são elementos de grande valor simbólico e espiritual nas oferendas de Pombagira; carregam consigo significados profundos que transcendem o simples adorno. Esses elementos naturais, provenientes do mar, são utilizados para canalizar e potencializar o axé, desempenhando papéis essenciais em diversos rituais e práticas mágicas.

Os búzios, com suas formas espirais e sua conexão direta com o oceano, simbolizam a continuidade e a ciclicidade da vida. Eles representam a comunicação entre os mundos material e espiritual, funcionando como instrumentos de ligação entre o visível e o invisível. No contexto das oferendas de Pombagira, os búzios são frequentemente utilizados para invocar proteção, intuição e sabedoria. Sua presença nos rituais reforça a capacidade da entidade de ouvir e responder aos nossos pedidos, facilitando a conexão com os mistérios do mar e das profundezas espirituais.

As conchas, por sua vez, são vistas como símbolos de fertilidade, renovação e prosperidade. Elas trazem consigo a energia vital das águas, sendo associadas à purificação e à transformação. Quando utilizadas nas oferendas, as conchas ajudam a limpar e renovar as energias, criando um ambiente propício para a manifestação dos desejos e intenções dos praticantes. A diversidade de formas e tamanhos das conchas reflete a multiplicidade de caminhos e soluções que Pombagira pode oferecer, adaptando-se às necessidades específicas de cada um.

Além de suas propriedades simbólicas, os búzios e as conchas também servem como recipientes de axé, absorvendo e irradiando energias positivas. Eles são frequentemente usados para decorar altares e pontos de força, aumentando a beleza e a eficácia dos rituais. A textura e a forma naturais desses elementos evocam a pureza e a simplicidade da natureza, lembrando-nos da importância de manter uma conexão harmoniosa com o mundo ao nosso redor.

Abanicos (leques maiores ou de penas)

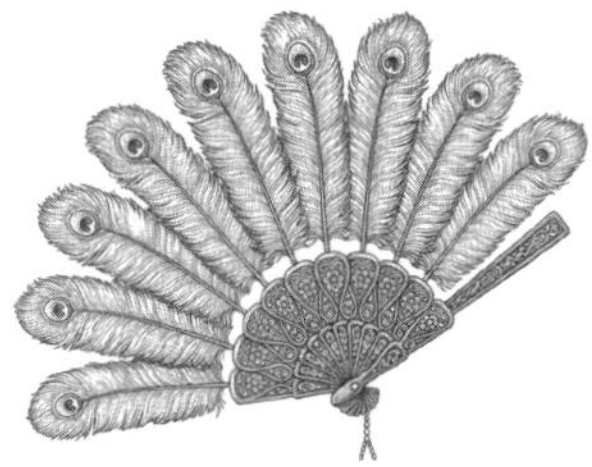

Os abanicos, diferentes dos leques de tecido, tiveram origem em ritos africanos e asiáticos, sempre ligados ao poder real e ao domínio dos ventos. Entre os povos africanos, o abano de penas é ainda hoje símbolo de autoridade espiritual.

Na Umbanda, quando Pombagira utiliza um abanico, não apenas movimenta energias, ela também manifesta seu poder de rainha. O abanico é arma de sedução e de soberania, instrumento para abrir caminhos e dissipar cargas negativas com imponência.

Cartas de baralho (comuns ou oraculares)

O baralho comum surgiu no século XIV e logo se espalhou pela Europa. Rapidamente, passou a ser utilizado não apenas em jogos, mas também em práticas de adivinhação. Entre ciganos, as cartas tornaram-se instrumentos de leitura do destino.

As Pombagiras usam cartas como ferramentas de revelação e feitiço. Elas mostram que a vida é feita de escolhas e de caminhos que se abrem. Quando abrem uma carta, não apenas revelam um destino, mas também convidam à reflexão sobre os próprios passos.

Chave

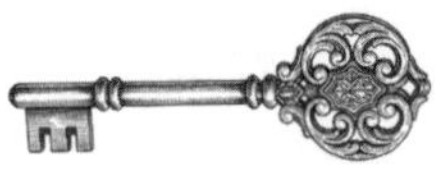

A chave é um símbolo de grande poder nos rituais de Pombagira na Umbanda, carregando significados profundos que envolvem proteção, abertura de caminhos e domínio espiritual. Utilizada para selar espaços sagrados e proteger os consulentes de energias negativas, a chave também simboliza a capacidade de Pombagira de desbloquear portas e remover obstáculos, facilitando novas oportunidades e transformações na vida de seus devotos. Ao empregá-la nos rituais, Pombagira demonstra seu controle sobre os mistérios espirituais, garantindo que os caminhos se abram de maneira favorável para aqueles que buscam sua ajuda.

Além de sua função protetora e de abertura de caminhos, a chave também representa a conexão com o desconhecido, sendo um símbolo de iniciação e acesso a novos níveis de consciência e compreensão espirituais.

Por meio desse elemento, Pombagira auxilia os consulentes a se conectar com o mundo espiritual, desvendando segredos ocultos e proporcionando clareza em momentos de incerteza. Nos rituais, a chave pode ser consagrada, carregando consigo o axé necessário para atuar como um poderoso talismã. Desse modo, reforça a ligação entre a entidade e seus devotos, assegurando que suas necessidades sejam atendidas com precisão e eficácia.

Punhais

O punhal é um dos símbolos mais antigos da humanidade, utilizado em guerras, sacrifícios e rituais mágicos. Para Pombagira, o punhal é a ferramenta de corte: cortar demandas, romper laços, abrir caminhos.

Representa também a clareza, a justiça e a determinação. É objeto de poder, usado para libertar ou para direcionar. Quando utilizamos um punhal na firmeza, estamos despertando seu aspecto de corte e proteção.

Farinha de milho

A farinha de milho amarela, derivada de um dos grãos mais antigos e cultivados pela humanidade, possui rico simbolismo e poderosa energia nas oferendas de Pombagira.

O milho, desde tempos imemoriais, é visto como um símbolo de abundância, fertilidade e prosperidade. Sua transformação em farinha amplia suas propriedades mágicas, tornando-a um condutor eficaz de energias espirituais. A cor amarela, associada ao ouro e ao sol, evoca a luminosidade e a força vital, elementos essenciais para a manifestação de desejos e a realização de trabalhos espirituais.

Esse ingrediente é particularmente eficaz em trabalhos que visam prosperidade, proteção e abertura de caminhos. A farinha de milho amarela, com sua capacidade de irradiar energia, simboliza a expansão e o crescimento, refletindo a própria natureza de Pombagira, que trabalha para transformar e elevar as condições de nossas vidas.

Pimentas

Conhecidas por seu sabor picante e por sua capacidade de provocar sensações intensas, as pimentas simbolizam a força e o poder de transformação que Pombagira carrega em si.

No contexto ritualístico, as pimentas são utilizadas para afastar energias negativas e criar uma barreira protetora ao nosso redor. Sua intensidade energética é capaz de repelir influências indesejadas, garantindo que o ambiente ritualístico permaneça seguro e protegido. Além disso, as pimentas são frequentemente usadas para cortar demandas, quebrar feitiços e dissipar vibrações negativas.

Outro aspecto importante das pimentas é sua associação com a paixão e o desejo. Nos rituais de Pombagira, elas são empregadas para intensificar sentimentos e emoções, ajudando a trazer à tona questões relacionadas ao amor, à sexualidade e aos relacionamentos. Com o uso de pimentas, Pombagira canaliza e potencializa as energias necessárias para resolver conflitos amorosos, aumentar a atração e fortalecer os laços afetivos.

Ao incorporarmos as pimentas nas oferendas e rituais, somos inspirados por Pombagira a agir com confiança e assertividade, impulsionando-nos a tomar decisões firmes e a nos posicionar com segurança diante das adversidades.

Olho-de-cabra

Nos rituais de Pombagira, o olho-de-cabra é frequentemente empregado em firmezas, guias e fios de contas, além de ser incluído em oferendas destinadas à quebra de forças malignas e ao afastamento de influências negativas. Sua presença nos trabalhos espirituais simboliza a barreira invisível que se forma ao redor de quem a utiliza, protegendo contra ataques espirituais e energias adversas que possam interferir em sua jornada.

A toxicidade do olho-de-cabra, longe de ser um aspecto negativo, é interpretada como uma manifestação de sua potência espiritual. Esse elemento atua como um escudo que bloqueia a entrada de vibrações indesejadas, purificando o ambiente e fortalecendo a aura daqueles que o utilizam. Por sua função protetora, o olho-de-cabra é visto como um aliado essencial para aqueles que buscam se manter seguros e equilibrados em meio a desafios espirituais e emocionais.

Peles de animais

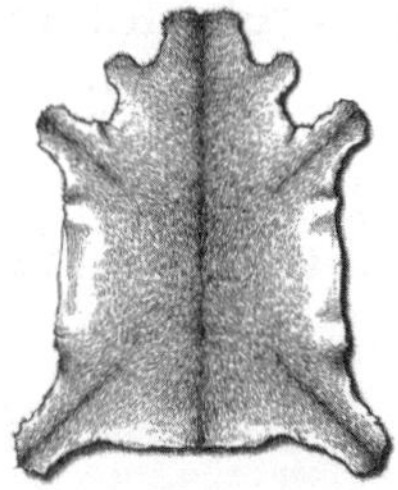

O uso de peles nos rituais está ligado à capacidade de absorver e reter energias, funcionando como um canal que direciona as vibrações espirituais para um objetivo específico. Quando empregadas em assentamentos, as peles ajudam a manter a energia estável e focada, proporcionando uma base sólida para as intenções e os trabalhos espirituais ali realizados.

Além de sua aplicação em assentamentos, as peles de animais são frequentemente utilizadas nos atabaques, instrumentos musicais que desempenham papel central nas cerimônias e curimbas. A pele que reveste o atabaque não é apenas um componente estrutural, mas também um elemento que potencializa a energia emitida durante os cânticos e toques ritualísticos. A vibração da pele sob o toque das mãos dos curimbeiros amplifica o axé, criando uma ponte sonora e energética entre os mundos.

As peles de animais, portanto, simbolizam a conexão entre o material e o espiritual, servindo como veículos de transmissão e concentração de poder. Elas representam a força vital dos animais de que se originam, incorporando essa energia natural nos rituais e oferendas.

Fava de Pombagira

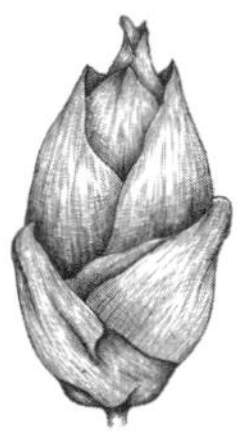

Nos rituais, a fava de Pombagira é empregada para afastar energias negativas e criar um campo de proteção ao redor do médium ou do consulente. Sua estrutura natural e sua conexão com a terra conferem a essa semente a capacidade de absorver e neutralizar vibrações adversas, funcionando como um escudo contra ataques espirituais e influências malignas.

Por essa razão, a fava é frequentemente colocada em firmezas, oferendas e até em guias e amuletos que podemos carregar conosco. Além de seu papel protetor, a fava de Pombagira é também um símbolo de vitalidade e poder espiritual.

Ela também é associada a abertura de caminhos e prosperidade. Em muitos rituais, a fava é utilizada para atrair boas oportunidades e remover obstáculos que impedem o progresso espiritual e material.

Unha-de-Pombagira ou garra-de-Exu

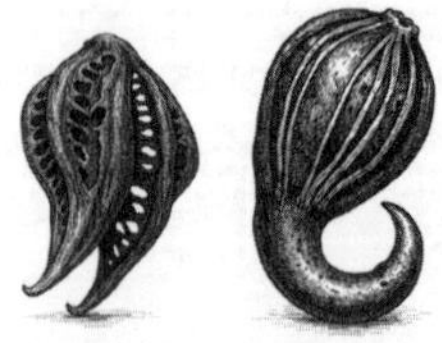

A garra-de-Exu é também chamada de "garra-do-diabo" ou "unha-de-Pombagira". Ela é especialmente valorizada nos assentamentos de Exu e Pombagira.

Essa planta, com suas raízes robustas e folhas espinhentas, é utilizada principalmente como elemento de proteção e defesa espiritual. A unha-de-Pombagira é conhecida por criar um campo de energia capaz de repelir influências negativas, demandas espirituais e vibrações adversas.

Ela também desempenha um papel importante na purificação, sendo utilizada em defumações e banhos de descarrego, para limpar o corpo e o ambiente de energias negativas. Sua capacidade de absorver e transmutar essas energias a torna um elemento essencial nos rituais que buscam restaurar o equilíbrio e a harmonia espiritual.

Cigarrilha

O tabaco, comumente encontrado na forma de cigarros, charutos e cigarrilhas, é um elemento de grande importância nos rituais de Pombagira na Umbanda. Esse objeto, aparentemente simples, carrega consigo profundo simbolismo e múltiplas funções no contexto espiritual.

Nos rituais de Pombagira, o tabaco é utilizado como ferramenta de comunicação entre os mundos material e espiritual. Quando aceso e fumado, o charuto, o cigarro ou a cigarrilha se torna um canal através do qual a entidade absorve as energias negativas do ambiente, transmutando-as e liberando-as na fumaça que se dissipa. Esse ato de "pitar" é visto como um meio de purificação e limpeza espiritual.

O uso do tabaco nos rituais também está associado à concentração e ao foco das energias. Ao pitar o fumo, Pombagira concentra e direciona suas intenções, tornando-se ainda mais poderosa na execução de suas funções espirituais. A fumaça que exala do charuto ou cigarro serve como veículo para transportar as intenções e os pedidos dos encarnados ao plano espiritual, facilitando a comunicação com as forças superiores.

Além disso, a escolha entre cigarro, charuto ou cigarrilha pode variar conforme a tradição e a preferência da entidade, mas todos têm em comum o papel de auxiliar no processo de meditação, foco e conexão com o mundo espiritual. O aroma, a forma e a maneira como o tabaco é manipulado por Pombagira também acrescentam camadas de significado ao ritual, contribuindo para a atmosfera sagrada e o alinhamento energético necessário para a manifestação de seus poderes.

Enxofre

Nos rituais de Pombagira, o enxofre atua de forma desafiadora, indo até a raiz das agregações energéticas negativas que cercam o consulente. Sua função é semelhante à de um guerreiro espiritual, batalhando contra as forças que obstruem o caminho do progresso e da prosperidade. Ao ser utilizado, o enxofre realiza uma busca minuciosa, desintegrando as camadas de energias densas e pesadas que podem estar impedindo a fluidez das bênçãos e das oportunidades.

Por causa de sua natureza tóxica e altamente reativa, o enxofre é considerado um recurso poderoso, mas deve ser usado com cautela. Ele é indicado principalmente para casos que exigem esgotamento energético profundo, em que outras formas de limpeza ou descarrego podem não ter sido suficientes para romper as barreiras espirituais impostas. A utilização do enxofre nos rituais de Pombagira, portanto, é reservado para situações críticas, nas quais é necessário um "golpe final" contra as negatividades persistentes.

Além de seu papel purificador, o enxofre também é visto como um símbolo de transformação. Ao interagir com as energias negativas, ele não apenas as dissolve, mas também transfigura o ambiente, permitindo que novas energias positivas e construtivas entrem e ocupem o espaço antes dominado pelo mal. Isso faz do enxofre um agente de mudança, promovendo a renovação e a abertura de novos caminhos para aqueles que buscam a ajuda de Pombagira.

Pedras e cristais

Desde os tempos mais remotos, os minerais têm desempenhado um papel central nas práticas espirituais e mágicas, servindo como poderosos condutores de energia e símbolos de conexão com o sagrado. Os minerais, por sua própria natureza, carregam uma energia acumulada ao longo de milhões de anos de formação geológica. Eles são vistos como reservatórios de forças primordiais da Terra, encapsulando o poder bruto dos elementos naturais. Nos rituais de Umbanda, pedras e cristais são utilizados para amplificar o axé, estabilizar a energia do ambiente e conectar os praticantes com as forças ancestrais que regem o universo.

Cada tipo de mineral possui uma frequência vibracional única, que ressoa com diferentes aspectos da vida, espiritual e material. Por exemplo, o quartzo é amplamente usado em firmezas e assentamentos para amplificar intenções e energias. Suas propriedades de clareza e amplificação o tornam ideal para meditações e rituais de cura, em que é necessário intensificar o foco e a intenção do trabalho espiritual.

A turmalina negra, por outro lado, é conhecida por sua poderosa capacidade de proteção, sendo utilizada para absorver e transmutar energias negativas. Esse mineral cria um escudo ao nosso redor, bloqueando ataques espirituais e mantendo a pureza do espaço ritualístico. Já a ametista, com sua energia calmante e purificadora, é frequentemente usada para elevar a consciência espiritual, facilitando a comunicação com os guias e Orixás.

A utilização dos minerais na Umbanda também carrega profundo respeito pelos ciclos naturais e pela ancestralidade. Ao incorporar essas pedras em rituais, estamos não apenas aproveitando suas propriedades energéticas, mas também honrando as tradições antigas que reconheceram o poder espiritual dos minerais. Essa prática ancestral reforça a conexão com a Terra e com as forças que moldaram a nossa existência, reconhecendo que os minerais são testemunhas silenciosas da história da humanidade e do cosmos.

Além de suas aplicações práticas, os minerais simbolizam a conexão entre os planos físico e espiritual, atuando como pontes que facilitam o fluxo de energia entre esses dois mundos. Em assentamentos e altares, eles servem como âncoras espirituais, estabilizando as energias invocadas e garantindo que o espaço ritualístico permaneça harmonioso e equilibrado.

Ferradura

A ferradura é um objeto carregado de simbolismo e poder dentro dos fundamentos de Pombagira na Umbanda. Sua forma em U, que lembra um arco, é tradicionalmente associada a sorte e proteção, mas seu uso na espiritualidade vai muito além das crenças populares.

Na Umbanda, a ferradura é vista como um poderoso amuleto de proteção. Quando consagrada e incorporada em rituais de Pombagira, a ferradura atua como um escudo contra influências indesejadas, criando um campo de força ao redor do ambiente onde é colocada. Esse objeto é frequentemente encontrado em firmezas e assentamentos, nos quais sua função principal é estabilizar as energias e assegurar que as entidades tenham um ambiente seguro e protegido para trabalhar.

A ferradura também simboliza a abertura de caminhos e a superação de obstáculos. Sua associação com os cavalos, animais que representam força e movimento, reforça essa conexão com a ideia de progresso e avanço, tanto no campo material quanto espiritual.

Além disso, a ferradura é utilizada nos rituais de Pombagira para fixar e ancorar o axé, garantindo que as energias invocadas permaneçam firmes e estáveis. Esse objeto é considerado uma âncora espiritual, capaz de manter a estabilidade das vibrações positivas enquanto repele qualquer tentativa de interferência negativa.

Em rituais específicos, a ferradura pode ser aplicada como parte de oferendas ou colocada em altares e pontos de força para intensificar a proteção e atrair boas energias.

A ferradura, portanto, é muito mais do que um simples amuleto de sorte; é um objeto de profundo significado espiritual que reflete a essência protetora e transformadora de Pombagira. Seu uso nos fundamentos da Umbanda fortalece a conexão com as forças espirituais, garantindo que os caminhos sejam abertos e que a proteção seja constante e eficaz.

Arma branca (punhal, faca, machado, tesoura, navalha)

As armas brancas, como facas, adagas e punhais, possuem significado profundo e multifacetado na magia de Umbanda, especialmente nos rituais e práticas associados a Pombagira. Esses objetos são mais do que simples ferramentas; são carregados de simbolismo e poder, refletindo a força, a proteção e a capacidade de cortar energias negativas.

Na Umbanda, as armas brancas são frequentemente empregadas como instrumentos de defesa espiritual. Elas representam a capacidade de proteger o espaço sagrado e de romper com influências negativas ou energias densas que possam tentar invadir ou prejudicar o trabalho espiritual. Pombagira, conhecida por sua força e por atuar na linha de defesa e proteção, utiliza essas armas para criar barreiras energéticas que mantêm afastadas as forças adversas.

Além de sua função protetora, as armas brancas também simbolizam a coragem e a determinação. Pombagira beneficia-se desses elementos ao utilizá-los como extensões de seu poder, mostrando que está pronta para enfrentar qualquer obstáculo ou desafio que se apresente. O ato de cortar, seja física ou simbolicamente, representa a habilidade de Pombagira de cortar amarras, liberar caminhos e transformar situações difíceis. Isso é particularmente relevante em rituais que envolvem a quebra de demandas, em que é necessário romper com feitiços ou energias que estão bloqueando o progresso de uma pessoa.

As armas brancas também possuem função ritualística em firmezas e oferendas, em que são consagradas e usadas para fixar e direcionar o axé, potencializando os trabalhos espirituais. Elas podem ser utilizadas para riscar pontos de força no chão, selando e ativando o espaço ritualístico.

É importante destacar que o uso de armas brancas na Umbanda é simbólico e ritualístico, não tem nenhuma conotação de violência física. O manuseio dessas armas requer conhecimento e respeito, pois elas são vistas como extensões do poder da entidade.

Cobre

O cobre é um metal com uma longa história de uso espiritual e mágico, remontando às civilizações antigas, quando era associado a deusas do amor e da beleza, como Afrodite e Ishtar, simbolizando a conexão entre o espiritual e o material. Na alquimia, representava transformação e cura. Esse metal maleável foi amplamente utilizado para criar ferramentas, armas, ornamentos e objetos para rituais, desempenhando um papel central nas práticas religiosas da Idade do Cobre.

Na Umbanda, o cobre continua a ser um poderoso condutor de energia espiritual, usado para amplificar o axé e promover transformação nos rituais de Pombagira. Ele é consagrado em objetos como pulseiras e colares, para canalizar a energia da entidade, fortalecendo a conexão espiritual. O cobre também é utilizado em firmezas e assentamentos, fazendo o papel de estabilizar e proteger o ambiente ritualístico, facilitando a comunicação com os Orixás e promovendo cura e transformação. Incorporado em oferendas, simboliza a busca por amor, beleza e prosperidade.

Ouro

O ouro é um dos metais mais venerados e utilizados em práticas espirituais ao longo da história, simbolizando a luz do sol, a riqueza, a pureza e a divindade. Desde a época das civilizações antigas, como os egípcios, os gregos e os romanos, o ouro era visto como metal sagrado, associado aos deuses e utilizado em rituais para invocar proteção, abundância e poder espiritual. Na alquimia, o ouro representava a meta final da transmutação, a perfeição espiritual e a iluminação.

Na Umbanda, o ouro é integrado nos rituais de Pombagira de forma a potencializar e canalizar energias superiores. Objetos de ouro ou dourados, como joias e moedas, são usados em firmezas e oferendas para atrair prosperidade, proteção e abrir caminhos. Além disso, o ouro é frequentemente associado à realeza e ao poder.

Por ser um metal que não oxida e mantém seu brilho, o ouro também simboliza a eternidade e a imortalidade, sendo um elemento que reflete a luz divina e a pureza do espírito.

Prata

A prata é um metal que possui profunda conexão com o mundo espiritual e o subconsciente, sendo amplamente utilizada em práticas mágicas e espirituais. Historicamente, a prata foi associada à lua, à feminilidade e às emoções, simbolizando a intuição, a proteção e a purificação. Civilizações antigas, como a egípcia e a grega, utilizavam a prata em seus rituais para canalizar energias lunares e invocar proteção divina, considerando-a um metal que refletia a pureza e a luz espiritual.

Na Umbanda, a prata é integrada nos rituais de Pombagira de diversas maneiras, sempre com o intuito de amplificar e canalizar energias sutis e protetoras. Objetos de prata, como anéis, colares e moedas, são frequentemente consagrados e utilizados em firmezas e oferendas para atrair proteção, clarividência e conexão espiritual. A prata, por causa da sua associação com a lua, é vista como um condutor de energias intuitivas e psíquicas, sendo ideal para trabalhos que envolvem meditação, sonhos e abertura de portais espirituais.

Além disso, a prata é amplamente utilizada em rituais de purificação e limpeza espiritual, ajudando a dissipar energias negativas e a restaurar o equilíbrio energético. Sua propriedade de conduzir eletricidade a torna um excelente amplificador de axé. Em oferendas, a prata simboliza a busca por proteção espiritual, harmonia e manifestação de intenções puras.

Ímã

Nos rituais de Pombagira, o ímã é utilizado para atrair aquilo que se deseja, como prosperidade, amor, proteção e sucesso, ou para repelir influências negativas e afastar obstáculos que impedem o progresso espiritual e material.

O ímã também simboliza a polaridade e o equilíbrio, refletindo a dualidade presente em todos os aspectos da vida e da espiritualidade. Sua capacidade de atrair e repelir energias opostas é vista como uma metáfora para o trabalho de Pombagira, que equilibra as forças espirituais, manipulando-as de maneira a favorecer seus filhos e médiuns. Em rituais, o ímã pode ser usado para harmonizar energias desequilibradas, restaurando a ordem e a paz tanto no ambiente quanto na vida dos praticantes.

Por sua natureza, o ímã é também visto como um protetor contra influências externas, criando um campo de força que mantém as energias negativas afastadas enquanto atrai apenas o que é benéfico. Isso o torna um elemento essencial em firmezas que visam proteger a casa, o local de trabalho ou qualquer ambiente sagrado.

Rosas vermelhas

As rosas vermelhas são profundamente simbólicas nos rituais de Pombagira na Umbanda, carregando uma rica tradição que se estende por diversas culturas ao longo da história. O uso dessas flores está intrinsecamente ligado ao amor, à paixão e à energia vital, representando o poder do Sagrado Feminino.

Historicamente, as rosas vermelhas têm sido associadas ao amor e à paixão desde tempos antigos. Na mitologia grega, Afrodite, a deusa do amor, foi ligada às rosas vermelhas, que nasceram do sangue de Adônis, seu amante, simbolizando o amor eterno e o sacrifício. Essa associação com o amor perdura até os dias atuais, e na Umbanda, a rosa vermelha é vista como um símbolo de Pombagira.

A rosa vermelha possui cinco pétalas que, em muitas tradições esotéricas, simbolizam os cinco sentidos e a perfeição do ciclo da vida. Na Umbanda, essa flor é usada para atrair e fortalecer laços amorosos, despertar a sensualidade e proteger contra energias negativas relacionadas a inveja e mal-entendidos nos relacionamentos. Pombagira, em sua sabedoria e poder, utiliza as rosas vermelhas para potencializar trabalhos que envolvem questões amorosas, relacionamentos e cura das dores do coração.

Nos rituais, as rosas vermelhas podem ser oferecidas em altares, usadas em banhos de atração e fortalecimento ou em defumações para limpar e elevar a energia do ambiente. Além disso, essas flores são frequentemente colocadas em quartos e espaços de intimidade para aumentar a sensualidade e a conexão amorosa. A rosa vermelha também é conhecida por seu poder de filtragem de energias negativas, protegendo os praticantes de feitiços e influências maléficas.

As rosas, de forma geral, promovem cura e renovação, mas as vermelhas, em particular, trazem uma energia vibrante e estimulante, capaz de transformar e elevar as vibrações espirituais e emocionais daqueles que as utilizam.

Flores no geral

As flores, em sua essência, são manifestações delicadas e potentes da força da natureza, símbolos vivos da beleza, da renovação e da própria transitoriedade da vida. No culto a Pombagira, as flores assumem um lugar de destaque, não apenas como adornos, mas como veículos de energia e expressão espiritual. Cada flor, com sua cor, forma e perfume, carrega um magnetismo único, capaz de despertar emoções, curar dores e abrir caminhos no campo sutil.

O simbolismo das flores atravessa culturas e tradições. Na Antiguidade, eram utilizadas em ritos funerários para guiar a alma ao outro mundo; em ritos de fertilidade, para despertar a vida; e em celebrações de amor, para selar uniões. No contexto de Pombagira, as flores se tornam instrumentos de magnetismo espiritual: despertam o poder da sedução, protegem contra inveja e maledicências, aliviam dores emocionais e intensificam vínculos amorosos. Em termos práticos, flores podem ser usadas em diferentes formas de culto: oferecidas em altares, firmadas em pontos de força, espalhadas em banhos para despertar energia vital ou queimadas em defumações. Dispostas em quartos ou espaços íntimos, despertam a sensualidade e a harmonia entre os parceiros; colocadas sobre a mesa de trabalho, irradiam beleza, confiança e magnetismo pessoal.

O poder das flores também está no seu ciclo de vida: nascem, florescem e murcham em um tempo curto, lembrando-nos da impermanência e da importância de viver o presente. Quando oferecemos flores a Pombagira, estamos entregando também a consciência de que tudo tem seu tempo — inclusive as dores que pedimos para transformar. Essa entrega nos conecta ao movimento natural da vida, ao ciclo eterno de morte e renascimento.

Assim, flores não são apenas elementos decorativos no culto de Pombagira. São instrumentos de poder, mensagens carregadas de axé e pontes entre a nossa intenção e a força espiritual que nos acompanha. Ao oferecer uma flor, damos também um pedaço da nossa alma, um gesto de confiança na beleza e no mistério da vida.

Capítulo 17

Pedras que Vibram a Força de Pombagira

Eu gosto de pensar nos cristais como memórias da Terra. Cada pedra guarda um pulso, uma cadência, uma história de pressão, tempo e silêncio que a natureza escreveu sem pressa. Quando trago uma pedra para o meu rito, não estou pegando "um objeto bonito", estou convidando uma estrutura de axé a participar do meu campo. Na Umbanda — e particularmente no trabalho de Pombagira — os cristais funcionam como condensadores e amplificadores: recebem, estabilizam e irradiam a força que eu desperto com a minha intenção.

Tudo que ensino passa pelos meus três pilares — **Energia, Simbologia e Determinação**.

- **Energia**: é o axé vivo que a pedra carrega por natureza (densidade, cor, brilho, temperatura na mão, "peso" no campo).
- **Simbologia**: é a linguagem que a pedra fala (vermelhos e vinhos evocando magnetismo e desejo; brancos, e translúcidos o refino e a clareza; pretos, a proteção e o corte; rosados, o amor e a sutileza). A forma também fala: ponta direciona, seixo difunde, geodo acolhe.

- **Determinação**: é o propósito que eu coloco nela. Sem direção, cristal é decoração. Com direção, é ferramenta.

Onde e como usar — do altar à vida prática:

1) Na firmeza (altar/mesa de trabalho)

A pedra pode ficar ao lado da vela ou diante da imagem, servindo de âncora. Gosto de formar um triângulo: vela (ativação), flor/erva (nutrição) e cristal (estrutura). A vela "acorda" a força, o vegetal nutre e fortalece, o cristal mantém o campo **firme** até a vela se apagar.

Exemplo de direção: "Firmo esta pedra para magnetismo e autoconfiança", "Firmo esta pedra para proteção do meu quarto e do meu sono", "Firmo esta pedra para o meu trabalho prosperar".

2) Como ponto estratégico na casa ou no comércio

Cristal também é "postura" no espaço. Eu posiciono onde quero movimentar energia:

- Entrada (limiar e filtro);
- Caixa/mesmo local do dinheiro (prosperidade consciente);
- Vitrine (magnetismo/atração);
- Cabeceira ou sob a cama (afeto, harmonia, sexualidade, sono e proteção).

Coloco e intenciono: "Aqui, esta pedra irradia amor, respeito e desejo saudável", "Aqui, esta pedra filtra inveja e mau-olhado", "Aqui, esta pedra chama clientes corretos e oportunidades certas".

3) Amuleto pessoal

Eu consagro a pedra e levo comigo na bolsa, no bolso, como pingente, brinco ou pulseira. Antes de sair, seguro na mão, respiro e refaço o decreto: "Hoje, eu caminho firme, magnético, protegido e consciente". Em entrevista, reunião, encontro, palco — ela me devolve ao eixo.

4) Para proteção espiritual e corte de carga

As pedras de Pombagira conversam muito com o trabalho de **proteção** de Pombagira. Eu as uso como **"escudo silencioso"** no cotidiano.

5) Banhos e infusões

Para banhos energéticos, você pode deixar a pedra descansando por pelo menos uma hora na água do banho já pronto. A água leva a vibração do cristal para o corpo.

6) Na incorporação e na guia da entidade

Tenho pedras reservadas para o trabalho da entidade. Ficam na mesa de atendimento para ela utilizar quando necessário (mão, colo, ponto energético do consulente). Também podem compor a guia (fio de contas) e ferramentas da Pombagira.

No fim, cristal é **postura espiritual**. É a forma como eu **ancoro** o que peço, **sustento** o que sinto e **direciono** o que sou. Na mão de Pombagira, a pedra torna-se **faca sem corte** e **taça sem líquido**: instrumento puro de vontade e verdade.

A seguir, disponibilizo uma **lista das pedras e cristais** que mais conversam com a vibração de Pombagira:

- Ágata de fogo;
- Granada;
- Jaspe vermelho;
- Quartzo vermelho;
- Rubi;
- Pirita;
- Jaspe;
- Topázio imperial;
- Pérola negra;
- Coral;
- Turmalina vermelha.

Capítulo 18

Ervas e Banhos de Pombagira

As ervas têm um papel fundamental na Umbanda, sendo utilizadas tanto na forma fresca quanto seca, para diferentes propósitos espirituais. Essas plantas carregam consigo o axé, a força vital que alimenta e conecta todos os elementos da natureza. Dentro da tradição, apesar de o axé de todas as folhas pertencer a Ossain, o Orixá das ervas e plantas, cada Orixá e entidade na Umbanda tem suas ervas específicas que ressoam com suas energias e características.

No caso de Pombagira, muitas de suas ervas são herdadas do domínio de Exu e Oxum. Essas ervas têm o propósito de descarregar energias negativas, romper vínculos com espíritos de baixa vibração e dissolver miasmas e larvas astrais. Porém, Pombagira também governa plantas que são poderosas estimuladoras de energias vitais e atrativas, sendo estas essenciais para trabalhos que envolvem amor, proteção e prosperidade.

O uso das ervas pode variar conforme sua forma e seu propósito. Ervas frescas são comumente utilizadas em banhos de descarrego, defumações e firmezas, em que a vitalidade da planta é essencial para a eficácia do trabalho. As ervas secas, por outro lado, têm sua aplicação em defumações, pós e poções, em que o poder concentrado da erva é necessário para intensificar e direcionar a energia do ritual.

Dividir as ervas em duas classificações – as que descarregam e purificam (ervas quentes), e as que estimulam e atraem – é uma maneira de organizar e potencializar seu uso nos trabalhos espirituais. Com isso, fica claro que, ao manipular as ervas de Pombagira, estamos lidando com forças poderosas e complexas, que, quando utilizadas com sabedoria, podem trazer profundas transformações e proteção espiritual.

A seguir, apresento uma lista das ervas utilizas nos rituais de Pombagira, separadas por atuação energética:

Ervas para descarrego (quentes)

- Aroeira;
- Arrebenta-cavalo;
- Arruda;
- Azevinho;
- Barba-de-diabo;
- Bico-de-papagaio;
- Branda-fogo ou folha-de-fogo;
- Cacto;
- Cambará;
- Carrapicho;
- Caruru ou bredo com espinho;
- Casca de alho;
- Casca de cebola;
- Comigo-ninguém-pode;
- Coroa-de-cristo;
- Corredeira;
- Dormideira;
- Erva-de-bicho;
- Erva-do-diabo ou figueira-do-inferno;
- Erva-grossa;

- Espinheiro;
- Fedegoso;
- Garra-de-diabo ou garra-de-Exu ou unha-de--Pombagira;
- Hortelã-pimenta;
- Jamelão;
- Jurubeba;
- Losna;
- Mamona;
- Mandacaru;
- Olho-de-gato;
- Palmatória-de-Exu;
- Pau-d'alho;
- Picão;
- Pimentas em geral;
- Sapê;
- Tento-de-Exu;
- Tinhorão-roxo;
- Tiririca;
- Trombeta-roxa;
- Urtiga;
- Vassourinha ou mastruz.

Ervas atrativas ou equilibradoras (mornas/frias)

- Alfavaca;
- Artemísia;
- Cana-de-açúcar;
- Canela;
- Catuaba;
- Fortuna;
- Graviola (folha);

- Hibisco;
- Jasmim;
- Maçã;
- Malva-cheirosa;
- Patchouli;
- Perpétua;
- Pitanga;
- Poejo;
- Rosa vermelha;
- Sempre-viva.

Banho na força de Pombagira para aumentar o poder de sedução e atrair amor

Este banho ritual é indicado para quem busca aumentar ou melhorar seu capital sexual, portanto serve para relacionamentos afetivos e conquistas amorosas. Muito útil também para elevar a autoconfiança em quem tem dificuldade de se expor e interagir socialmente.

Como tomar?

Da cabeça aos pés.

Qual frequência?

A cada um ou três dias, quando necessário.

Recomendado para qual situação?

O melhor é tomar esse banho antes de sair de casa, quando for ao encontro da pessoa que se deseja conquistar, ou em ocasiões em que queira chamar mais atenção com a sua presença.

Elementos:

- 1 vasilha limpa;
- 1 litro de água mineral ou da chuva;
- 7 rosas vermelhas;
- 7 cravos-da-índia;
- Canela em pau;
- Mel;
- Perfume (o de sua preferência para uso pessoal);
- Qualquer objeto de ouro ou dourado;
- 1 pano vermelho;
- 1 fio de metal;
- 7 velas palito vermelhas;
- 7 cigarrilhas.

Modo de preparo:

Posicione a vasilha no chão (em qualquer lugar da sua casa, com exceção do banheiro), acrescente as pétalas das rosas, os cravos, a canela, um fio de mel e despeje água quente por cima.

Borrife um pouco do seu perfume pessoal na água e deixe dentro do banho o objeto de ouro escolhido. Pode ser um anel, uma correntinha, um brinco ou uma peça qualquer dourada.

Distribua as velas em volta, formando um círculo, e acenda cada uma, da esquerda para a direita.

Acenda cada uma das cigarrilhas e bafore a fumaça na direção da água, em seguida posicione a cigarrilha ao lado de cada uma das velas. Cubra a vasilha com o pano vermelho e espere as velas queimarem. Sem coar o preparo, tome o banho como orientado.

Os elementos naturais que ficarem no chão devem ser devolvidos para a natureza, se possível, ou jogados no lixo. Utilize o objeto dourado, normalmente, em outras ocasiões.

Banho na força de Pombagira para obter equilíbrio emocional

Uma pessoa desequilibrada emocionalmente está propensa a ter pensamentos negativos e a emitir energias densas, ocasionando, assim, um dia a dia com dores e angústias mais intensificadas. Pombagira é uma entidade exímia em lidar com as questões emocionais humanas, pois proporciona a restauração do equilíbrio mental e desperta em profundidade o autoconhecimento.

Como tomar?

Da cabeça aos pés.

Qual frequência?

A cada três ou sete dias, quando necessário.

Recomendado para qual situação?

Indicado para quando se nota um quadro de desequilíbrio emocional, seja depressivo, melancólico, ansioso ou com alto grau de irritabilidade.

Elementos:

- 1 vasilha limpa;
- 1 litro de água mineral ou da chuva;
- Hortelã;

- Folha de pitanga;
- Jasmim;
- Rosas cor-de-rosa;
- Alfavaca;
- 1 cristal de quartzo branco ou transparente;
- 1 vela palito vermelha;
- 1 pano branco ou vermelho;
- 1 cigarrilha (opcional).

Modo de preparo:

Aqueça a água até o momento de iniciar fervura. Desligue-a.

Acenda a vela no chão, na porta do quarto onde dorme a pessoa necessitada ou seu próprio quarto, se fizer o banho para si mesmo.

Ao lado da vela, posicione a vasilha, acrescente as ervas (podem ser secas e/ou frescas) e despeje a água quente por cima. Com o pensamento firmado na sua intenção, passe o cristal sobre toda região da cabeça e coloque-o junto às ervas.

Se for possível, acenda e bafore a fumaça da cigarrilha em volta da cabeça da pessoa e também na direção da água. Cubra a vasilha com o pano branco ou vermelho e espere a vela queimar. Coe o preparo, devolva as ervas à natureza (em um vaso, praça ou jardim).

Após isso, basta tomar o banho antes de dormir. Você pode fazer o banho para si mesmo quando se sentir mal ou para outra pessoa debilitada.

Banho de Pombagira para despertar o amor-próprio

O amor-próprio é um estado de apreço por si mesmo, que provém de ações que nos ajudam a crescer psicológica, física e espiritualmente. O amor-próprio vem do amadurecimento e do autoconhecimento, que nos permitem identificar nossas forças e fraquezas e aprender a lidar com elas. Pombagira nos ensina a ter amor-próprio e a entender que nossos defeitos não nos inferiorizam.

Todos temos falhas e estamos, a cada dia, fazendo o nosso melhor para crescer e evoluir; portanto, ame-se, seja gentil e amoroso consigo mesmo. Não faça disso um processo de orgulho, mas reconheça as coisas boas que existem em você.

Como tomar?

Da cabeça aos pés.

Qual frequência?

A cada três ou sete dias, quando necessário.

Recomendado para qual situação?

Quando se sentir vulnerável diante da vida, impossibilitado ou desencorajado de tomar decisões. Ideal para quem precisa de um impulso extra para se mover em direção ao que deseja na vida, sem se limitar ao julgamento dos outros ou ao autojulgamento excessivo.

Elementos:

- 1 vasilha limpa;
- 1 litro de água mineral ou da chuva;
- 1 maçã vermelha;

- 1 rosa vermelha;
- Folhas de pitanga;
- Patchouli;
- Folha-da-fortuna;
- 1 pano branco;
- 1 panela;
- 1 vela palito dourada;
- 1 vela palito vermelha.

Modo de preparo:

Coloque a maçã inteira dentro da panela e cubra-a com água. Leve ao fogo até iniciar fervura. Desligue.

Acenda as velas no chão, uma ao lado da outra. Ao lado posicione a vasilha, acrescente a folha de pitanga, o patchouli e a folha-da-fortuna. Despeje a água quente por cima. Cubra a vasilha com um pano branco e espere a vela queimar.

Antes de tomar o banho, pegue o botão de rosa vermelha, passe pelo corpo no sentido dos pés à cabeça e acrescente as pétalas no banho, macerando com as outras ervas.

Sem coar o preparo, tome o banho como orientado.

Os elementos que estarão no chão devem ser devolvidos para a natureza (pode ser um vaso ou um jardim).

Capítulo 19

Firmezas de Conexão e Sustentação de Pombagira

Depois de compreender os fundamentos e os símbolos que estruturam o trabalho com Pombagira, chegou a hora de colocar em prática um dos recursos mais simples e ao mesmo tempo mais poderosos que temos na Umbanda: a firmeza.

A firmeza é, antes de tudo, um ato de intenção. Quando eu firmo, estou declarando ao mundo espiritual o que desejo ativar em minha vida. Posso firmar apenas no pensamento, posso firmar apenas com uma palavra, mas quando uso elementos concretos — como a vela, a taça, as flores, o cigarro — eu abro um portal energético capaz de sustentar aquela intenção por mais tempo.

Por isso digo que qualquer pessoa pode fazer uma firmeza. Não importa se você é médium desenvolvido, se é dirigente de terreiro ou se nunca incorporou na vida. A firmeza não depende de grau religioso ou de hierarquia espiritual, mas da clareza da sua intenção e da verdade do seu coração.

A duração da firmeza está diretamente ligada ao tempo de queima da vela. Se você acender uma vela palito, a firmeza vai durar algumas horas. Caso acenda uma vela de sete dias, a energia se manterá ativa por todo esse período. Por isso, em todas as firmezas que ensino aqui, recomendo a vela de sete dias — mas você pode substituir pela vela palito, se for a que tem disponível. O que muda não é a qualidade da energia, mas sim a quantidade de tempo em que essa energia permanecerá vibrando.

O objetivo principal dessas firmezas é gerar conexão. Conexão com sua Pombagira, com sua intuição, com sua mediunidade, com a força que o guia. Essa sintonia vibratória pode fortalecer sua ligação com ela em fases específicas da sua vida, ajudar no seu desenvolvimento mediúnico ou simplesmente abrir espaço para que você a sinta mais próxima no cotidiano.

Aqui está um ponto fundamental: a firmeza pode ser feita em qualquer lugar. Pode ser na sua casa, no chão ou sobre um móvel, no seu quarto ou na sala, no comércio, no espaço de trabalho ou dentro do terreiro. O espaço físico é menos importante do que a presença da sua intenção.

Não se preocupe se algum dos elementos que eu indicar em cada firmeza não estiver ao seu alcance. Ignore o que não encontrar e siga com o que tiver em mãos. Uma única vela vermelha já é, por si só, uma firmeza de Pombagira. Uma vela vermelha com uma taça de champanhe já sustenta uma chave poderosa. Se junto houver um cigarro, um perfume ou uma rosa, mais camadas de energia se somam. Mas nunca se esqueça: o essencial não está na quantidade de elementos, mas na **qualidade da sua entrega**.

Pense na firmeza como um conjunto de chaves. Cada elemento que você coloca acrescenta uma senha, um símbolo, uma vibração que abre portas no plano espiritual. Quando você acende a vela, coloca a taça, oferece a flor, não está apenas enfeitando um altar: está abrindo um portal mágico e energético que conecta você à sua Pombagira, permitindo que a força dela se manifeste em sua vida.

Nos próximos tópicos, vou compartilhar alguns modelos de firmezas de conexão e sustentação. Eles servirão como guia para que você possa praticar, experimentar e, acima de tudo, criar um vínculo ainda mais íntimo com a sua Pombagira.

Firmeza I

- 1 prato de barro;
- 1 batom vermelho;
- 1 espelho que caiba dentro do prato;
- 1 vela de sete dias vermelha (ou da cor de preferência da Pombagira);
- 1 tesoura de aço;
- Pó de ouro;
- 1 cigarrilha.

Desenhe um coração na parte interna do prato com o batom. Posicione, no centro dele, o espelho virado para cima e, em cima do espelho, a vela. Coloque a tesoura aberta no prato, de forma que a ponta fique virada para a saída da casa. Despeje por cima o pó de ouro. Acenda a cigarrilha e bafore em toda a firmeza. Depois, coloque-a em qualquer lugar da firmeza. Permaneça ali por, no mínimo, sete minutos. Nesse período, pode-se cantar pontos, fazer orações ou mesmo ficar em silêncio.

Ao término da vela de sete dias, já se pode recolher e dispensar os elementos. Tudo deve ser colocado no lixo comum; já a tesoura, o espelho e o prato podem ser reutilizados para a mesma finalidade.

Firmeza II

- 1 ferramenta de ferro (pode fazê-la conforme o ponto riscado da Pombagira ou comprar uma básica, em formato de tridente);
- 1 alguidar de barro;
- 1 pedra de Pombagira (do tamanho da palma da sua mão);
- 1 vela de sete dias vermelha (ou da cor de preferência da entidade);
- Champanhe *rosé* ou licor de cassis;
- 1 taça de vidro;
- 7 rosas vermelhas;
- Gim;
- 1 cigarrilha.

Posicione, dentro do alguidar, a ferramenta, a pedra e os botões de rosas. Ao lado, acenda a vela e, em seguida, a cigarrilha. Sirva próximo ao alguidar uma taça com a bebida escolhida.

Enquanto bafora a fumaça na firmeza, derrame um pouco de gim dentro do alguidar, molhando a ferramenta, a pedra e as rosas. Depois, coloque-a em qualquer lugar da firmeza. Permaneça ao lado por, no mínimo, sete minutos. Nesse período, pode-se cantar pontos, fazer orações ou mesmo ficar em silencio.

Ao término da vela de sete dias, apenas os resíduos da vela e da cigarrilha serão dispensados no lixo. As rosas devem ser entregues ao pé de uma árvore sem os espinhos. Mantenha o restante do mesmo jeito, sem desmontar, e faça novamente a firmeza, acendendo-se outra vela, servindo uma nova bebida na taça e baforando com a cigarrilha enquanto se rega tudo com o gim, conforme explicado.

O gim não pode ser substituído por cachaça, nesse caso.

Firmeza III

- 1 quartinha de barro com asa;
- 1 rosa vermelha;
- 7 pedras de Pombagira que caibam dentro da quartinha;
- Essência de jasmim;
- Mel;
- Fio de cobre;
- 1 vela de sete dias vermelha (ou da cor de preferência da entidade);
- Champanhe *rosé*;
- 1 cigarrilha.

Enrole o fio de cobre na quartinha, de baixo para cima, dando um total de sete voltas. Coloque dentro o botão de rosa e as pedras. Acrescente um pouco de mel e preencha todo o recipiente com a bebida (champanhe *rosé*). Coloque 21 gotas da essência de jasmim.

Ao lado, acenda a vela e, em seguida, a cigarrilha, baforando a fumaça dentro da quartinha. Coloque a tampa e, em cima, a cigarrilha. Permaneça ao lado por, no mínimo, sete minutos. Nesse período, pode-se cantar pontos, fazer orações ou ficar em silêncio.

Ao término da vela de sete dias, pode recolher e dispensar os elementos. A bebida da quartinha deve ser jogada em água corrente, a rosa precisa ser dispensada em um vaso ou ao pé de uma árvore, e a cigarrilha, junto ao resíduo da vela, no lixo comum. Mantenha apenas as pedras dentro da quartinha e o fio de cobre enrolado nela, conforme explicado, e refaça a firmeza.

Firmeza IV

- 1 tacho de cobre ou dourado;
- Búzios (quantidade para preencher metade do tacho);
- Moedas douradas (quantidade para preencher metade do tacho);
- 1 taça de vidro;
- 1 vela de sete dias vermelha (ou da cor de preferência da Pombagira);
- Champanhe *rosé*;
- 1 cigarrilha.

Preencha o tacho de cobre com os búzios e as moedas, misturando-os uns aos outros. Sobre esses elementos, no centro do tacho, posicione a vela e acenda-a.

Ao lado do tacho, sirva a bebida na taça, acenda a cigarrilha e bafore por toda a firmeza. Depois, coloque-a em qualquer lugar da firmeza. Permaneça ao lado por, no mínimo, sete minutos. Nesse período, pode-se cantar pontos, fazer orações ou mesmo ficar em silêncio.

Ao término da vela de sete dias, já se pode recolher e dispensar os elementos. A bebida da taça deve ser jogada em água corrente, os resíduos da vela e a cigarrilha, no lixo comum. Mantenha todo o restante da mesma forma, repondo apenas a vela, a bebida e a cigarrilha para refazer a firmeza.

Firmeza V

- 1 imagem de Pombagira;
- 1 alguidar de barro;
- 1 tesoura de aço;
- 1 navalha;
- 1 quartinha de barro, com asa;
- 7 búzios;
- 7 olhos-de-cabra;
- 7 garras-de-Exu ou de Pombagira;
- 1 vela de sete dias vermelha (ou da cor de preferência da Pombagira);
- Champanhe *rosé*;
- 1 cigarrilha;
- 1 taça de vidro;
- Pétalas de rosas vermelhas;
- Água da chuva ou mineral;
- Perfume (o de uso pessoal).

Coloque, dentro do alguidar, a quartinha, a qual deverá ser preenchida com água da chuva ou mineral. Em volta, dentro do próprio alguidar, disponha as pétalas de rosas. Disponha também os búzios, os olhos-de-cabra e as garras-de-Exu ou de Pombagira em volta da quartinha, misturando-as com as pétalas.

Dentro do alguidar, de um lado, coloque a tesoura aberta virada para cima e, do outro lado, a navalha, nessa mesma posição.

De frente para o alguidar posicione a imagem, a vela e a taça. Antes de acender a vela, borrife um pouco do perfume por cima de toda a firmeza.

Em seguida, sirva o champanhe na taça de vidro, acenda a vela, a cigarrilha e bafore a fumaça em tudo. Depois, coloque-a em qualquer lugar da firmeza. Permaneça ao lado por, no mínimo, sete minutos. Nesse período, pode-se cantar pontos, fazer orações ou ficar em silêncio.

Ao término da vela de sete dias, pode recolher e dispensar os elementos. A bebida da quartinha deve ser apenas completada com mais água. As pétalas de rosas devem ser dispensadas ao pé de uma árvore. Os búzios, os olhos-de-cabra e as garras podem ser reutilizados.

O resíduo da vela e da cigarrilha deverá ir para o lixo, e o champanhe da taça, dispensado em água corrente.

Capítulo 20

Magias Secretas de Pombagira

Magia para atrair prosperidade

Elementos:

- 1 alguidar pequeno;
- 1 pano dourado ou amarelo;
- 7 moedas;
- 3 maçãs vermelhas;
- 3 cachos de uvas;
- Mel;
- 1 vela amarela;
- 1 copo ou taça de champanhe doce.

Como preparar: Forre o fundo do alguidar com o pano dourado. Dentro, distribua as maçãs, cortadas ou inteiras, e os cachos de uvas. Distribua as moedas entre as frutas. Regue com mel. Coloque o copo ou taça de champanhe ao lado da oferenda e acenda a vela amarela. Mentalize seus pedidos de prosperidade, visualize portas abrindo-se e a riqueza fluindo para sua vida. Deixe a vela queimar até o fim.

Esta oferenda pode ser feita em casa, em uma encruzilhada de estradas ou em frente a uma grande árvore de tronco robusto.

Magia para atrair prosperidade

Elementos:

- 1 pano vermelho;
- 1 alguidar;
- 1 pão grande (pode ser tipo italiano);
- Mel;
- Azeite de oliva;
- 7 moedas douradas;
- 1 vela vermelha.

Como preparar: Abra o pão ao meio e regue generosamente com mel e azeite. Coloque as moedas dentro do pão e feche-o. Disponha o pão ao centro do alguidar forrado com o pano vermelho. Acenda a vela ao lado e mentalize a abundância chegando até você. Faça seus pedidos e agradecimentos e deixe a vela queimar até o fim. Se quiser, ao final, leve a oferenda a um local de natureza, preferencialmente próximo a um bambuzal ou estrada de terra.

Magia para atrair prosperidade

Elementos:

- 1 alguidar médio;
- 7 frutas variadas (preferencialmente doces);
- Mel;
- 1 taça com espumante;
- 1 charuto;
- 1 vela amarela.

Como preparar: Coloque as frutas arrumadas de forma harmoniosa no alguidar. Regue com mel em abundância. Ao lado, coloque a taça com espumante e acenda a vela. Fume o charuto e sopre a fumaça sobre a oferenda, ativando a energia da fartura. Leve essa oferenda para uma encruzilhada de terra ou deixe no seu ponto de firmeza para Exu em casa.

Magia para destravar caminhos

Elementos:

- 1 chave nova;
- 1 vela vermelha;
- 1 copo de cachaça;
- 1 pano vermelho;
- 1 alguidar pequeno;
- Pétalas de rosas vermelhas;
- Mel;
- 7 moedas.

Como preparar: Forre o fundo do alguidar com o pano vermelho. No centro, posicione a chave nova simbolizando a abertura de portas. Ao redor, distribua as moedas e cubra com pétalas de rosas vermelhas. Regue levemente com mel. Coloque ao lado o copo de cachaça e acenda a vela. Faça seus pedidos solicitando a Exu e Pombagira que abram os caminhos trancados e facilitem suas conquistas. Esta magia deve ser deixada em uma encruzilhada ou perto de uma grande pedra à beira de estrada.

Magia para cura das emoções e equilíbrio mental

Elementos:

- 1 pires de louça branca;
- 1 pedra de quartzo rosa;
- 1 vela lilás;
- Pétalas de rosas brancas;
- Essência de lavanda;
- 1 copo de água mineral.

Como preparar: Coloque a pedra de quartzo rosa no centro do pires de louça branca. Ao redor, distribua as pétalas de rosas brancas. Derrame algumas gotas de essência de lavanda sobre as pétalas. Acenda a vela lilás ao lado e, segurando o copo de água, mentalize a cura de suas emoções e a harmonização de sua mente. Faça seus pedidos e agradecimentos; ao final, beba a água como forma de internalizar a energia despertada. A pedra pode ser guardada como amuleto de equilíbrio e reutilizada em outras magias.

Magia para atrair um novo amor

Elementos:

- 1 alguidar pequeno;
- 7 rosas vermelhas;
- 1 frasco de mel;
- 1 taça de champanhe doce;
- 1 vela vermelha;
- Essência de patchouli.

Como preparar: Retire cuidadosamente as pétalas das rosas e espalhe no fundo do alguidar. Regue com mel em espiral, formando um desenho circular. No centro, coloque a taça de champanhe e adicione algumas gotas de essência de patchouli sobre as pétalas. Acenda a vela vermelha ao lado e peça à Pombagira que abra seus caminhos no amor, trazendo um novo companheiro ou companheira com verdade e paixão. Deixe a vela queimar até o fim. Se possível, deposite as pétalas das rosas em jardins floridos ou praças movimentadas, locais onde o amor circula livremente.

Magia para reconciliações

Elementos:

- 1 prato (qualquer um);
- 1 coração de papel vermelho com o nome do casal escrito;
- 7 morangos frescos;
- Mel;
- 1 vela rosa;
- 1 taça de vinho suave.

Como preparar: No centro do prato, coloque o coração de papel e sobre ele os morangos. Regue tudo com mel. Ao lado, posicione a taça de vinho e acenda a vela rosa. Faça seus pedidos a Pombagira, pedindo a suavização dos sentimentos, a quebra do orgulho e a aproximação amorosa. Essa oferenda deve ser deixada perto de uma árvore com flores ou em local de natureza tranquila, pedindo harmonia e reencontro.

Magia para intensificar atração e desejo

Elementos:

- 1 prato (qualquer um);
- 1 perfume de uso pessoal;
- 1 maçã vermelha;
- Mel;
- 1 vela vermelha;
- 1 fita de cetim vermelha;
- Seu nome escrito em um papel.

Como preparar: Amarre com a fita de cetim o papel com seu nome ao redor da maçã, formando um laço. Regue a maçã com bastante mel e borrife o perfume sobre ela. Coloque tudo no prato e acenda a vela vermelha ao lado. Enquanto a vela queima, mentalize sua energia de sedução sendo potencializada, atraindo olhares e desejos. Leve essa oferenda até uma encruzilhada de terra ou a um jardim movimentado, sempre com respeito e discrição.

Magia para harmonizar relações estáveis

Elementos:

- 1 alguidar;
- Doces finos (como bombons ou trufas);
- 1 pano branco;
- Mel;
- 1 vela rosa;
- 1 taça de licor doce.

Como preparar: Forre o fundo do alguidar com o pano branco. Sobre ele, arrume os doces de forma harmoniosa e regue levemente com mel. Ao lado, coloque a taça de licor e acenda a vela rosa. Peça à Pombagira que traga leveza, compreensão e prazer para o seu relacionamento atual. Fale sete vezes o nome de cada um de vocês enquanto observa a vela queimar. Essa oferenda pode ser feita em casa, próxima ao altar ou tronqueira, ou deixada em um jardim público.

Magia para esquecer um amor que não faz bem

Elementos:

- 1 prato;
- 1 pedaço de papel com o nome da pessoa a ser esquecida;
- 1 vela preta;
- Folhas de arruda;
- 1 taça de água com sal grosso.

Como preparar: Coloque o papel no prato e cubra-o com as folhas de arruda. Cubra as folhas com sal grosso. Ao lado, posicione a taça de água com mais um punhado do sal grosso. Acenda a vela preta e, com coragem, peça à Pombagira que corte os laços que ainda prendem você a essa pessoa, libertando seu coração para novas oportunidades. Antes de a vela acabar, queime o papel e descarte as ervas em água corrente ou na natureza. Faça na sua casa ou em local seguro.

Magia para defesa e proteção espiritual

Elementos:

- 1 prato;
- 1 maço de folhas de guiné;
- 7 dentes de alho;
- 1 vela preta;
- Sal grosso;
- 1 pano vermelho.

Como preparar: Forre o prato com o pano vermelho. Ao redor, forme um círculo com sal grosso. No centro, coloque as folhas de guiné amassadas levemente e os sete dentes de alho. Acenda a vela preta ao lado e peça proteção contra energias pesadas, demandas e obsessores. Deixe a oferenda por três dias em local seguro, depois enterre os elementos usados em uma mata ou aos pés de uma árvore.

Magia contra inveja

Elementos:

- 1 prato;
- 1 espelho pequeno;
- Carvão vegetal;
- Cascas de limão;
- 1 vela roxa;
- Essência de arruda.

Como preparar: Coloque o espelho no centro do prato com a parte reflexiva voltada para cima. Ao redor, distribua os carvões e as cascas de limão. Pingue algumas gotas da essência de arruda sobre os elementos. Acenda a vela roxa pedindo à Pombagira que crie um escudo espiritual que lhe proteja de toda inveja e olho gordo. Após sete dias, descarte em local natural, longe de sua casa.

Magia para destravamento de causas na justiça

Elementos:

- 1 alguidar pequeno;
- 7 pimentas dedo-de-moça;
- 1 vela vermelha (bicolor);
- Papel com nome ou número do processo;
- Azeite de oliva;
- Carvão vegetal.

Como preparar: Escreva no papel o nome da pessoa envolvida ou o número da causa judicial. Coloque-o no fundo do alguidar. Sobre ele, disponha as pimentas e salpique o carvão vegetal moído. Cubra com azeite de oliva. Acenda a vela vermelha pedindo à Pombagira a agilidade e clareza na resolução da causa. Deixe por três dias em lugar reservado e depois descarte em uma encruzilhada.

Magia para quebra de injustiças e maldições

Elementos:

- 1 pote de barro;
- 7 pedras de carvão em brasa;
- 1 cebola roxa cortada em cruz;
- Papel com o nome da pessoa injustiçada;
- Sal grosso;
- 1 vela preta.

Como preparar: Coloque os carvões acesos no pote. Por cima, a cebola aberta em cruz com o papel dentro. Jogue sal grosso por cima e ao redor e acenda a vela preta. Peça a Exu que rompa as injustiças, maldições ou julgamentos falsos. Após esfriar, enterre o conteúdo em mata ou jardim limpo ou jogue em rio de correnteza.

Magia para corte de vícios e dependências

Elementos:

- 1 prato;
- 1 maço de ervas amargas (boldo, losna, arruda);
- 1 vela preta;
- 1 pedaço de carvão;
- 1 copo de água com sal grosso;
- 1 charuto apagado.

Como preparar: Forre o prato com as ervas. Ao centro, posicione o copo com água e sal grosso junto ao carvão e ao charuto. Acenda a vela preta ao lado. Peça a Exu que quebre os elos espirituais com os vícios, dissolvendo a influência obsessiva. Durante a oração, fale o nome completo da pessoa. Deixe a oferenda em um jardim harmonioso e bonito.

Magia para dissolução de energia de inimigos declarados

Elementos:

- 1 garrafa de vidro escuro;
- 1 folha de papel com o nome da pessoa (ou "meus inimigos");
- Vinagre;
- 7 pimentas malagueta;
- 7 velas roxas.

Como preparar: Coloque o papel dentro da garrafa. Complete com vinagre e as sete pimentas malaguetas. Feche bem e deixe no chão, com as sete velas roxas acesas ao redor. Peça à Pombagira que dissolva a força dos que lhe atacam ou desejam mal. Após sete dias, enterre a garrafa em um local distante da sua casa ou jogue em uma fossa.

Capítulo 21

Alan Barbieri Responde às Principais Dúvidas sobre Pombagira

1. Pombagira é um espírito de baixa vibração, por isso faz parte da Linha de Esquerda?

Não. As pessoas acham que os espíritos que compõem a Esquerda são de baixa vibração, porque eles lidam com campos inferiores do plano espiritual. Mas essa atuação não significa que essas entidades vibram nessa mesma frequência. Na verdade, elas são exímias manipuladoras dessa energia negativa, como médicos especialistas. Por conhecerem mais sobre os adensamentos inferiores, podem atuar junto a esses planos.

2. Por que as pessoas associam Pombagira a questões sexuais desvirtuadas, como se ela incentivasse isso?

As pessoas ainda fazem essa associação, primeiramente, em virtude do tempo de surgimento das Pombagiras nos terreiros. Naquela época, as mulheres sofriam muitos preconceitos e discriminações, e isso se transpôs de alguma forma às figuras das Pombagiras. Outro fator importante para essa visão é o próprio tabu que ainda persiste na sociedade em relação ao sexo.

A maioria das pessoas não consegue relacionar figuras divinas a questões sexuais. Por não enxergarmos o sexo como algo plenamente saudável e mais uma porta para o Divino, acabamos por associar tudo ligado a isso (incluindo as Pombagiras, mas não se restringindo a elas) a algo inferior, ruim, degradado. Essa situação deriva da nossa formação judaico-cristã, mas um umbandista deve ressignificar isso, pois o sexo não serve apenas para procriação, sendo, portanto, também uma fonte de espiritualidade e felicidade.

3. A Pombagira e o Exu são um casal?

Na verdade, não. Não existe um relacionamento afetivo amoroso entre as duas entidades. Acreditar nisso é dar encarnações às entidades, quando, na verdade, elas vivem em espírito. Relações familiares e amorosas são típicas do plano terreno, e não necessariamente o plano espiritual funciona com base nessas premissas. Pode haver situações pontuais, mas isso não é uma regra, o que há é a união de espíritos para uma causa espiritual.

4. Se eu trabalho com um Exu do Cemitério, a Pombagira que me acompanha também será do mesmo ponto de força?

Não. Essa não é uma regra, sendo importante saber que não devemos engessar nada quando tratamos da espiritualidade. Tudo é muito específico, mas há similaridades no campo de atuação entre alguns Exus e algumas Pombagiras. Na realidade, esse tipo de correlação vai depender de particularidades e de cada caso, não sendo uma regra que se aplica indistintamente a todas as nossas relações espirituais. Não limite seu trabalho com as entidades ao nome delas. Por exemplo, se você trabalhar junto a Exu Caveira, isso não significa que você trabalhará, necessariamente, com a Pombagira Rosa Caveira. Não funciona assim.

5. As Pombagiras são espíritos de ex-prostitutas?

Como esclarecido até aqui, o rótulo colocado sobre as Pombagiras deriva, sobretudo, de preconceitos da nossa formação judaico-cristã, proveniente da visão machista e patriarcal de mundo. Porém, entre as tantas mulheres que atuam nas linhas de Pombagiras pode haver, sim, ex-prostitutas, pois essa é mais uma face existente da mulher. Mas essa condição não desmerece a atuação desses espíritos nem os torna seres inferiores. Portanto, é um equívoco acreditar que as Pombagiras representam as prostitutas ou defendem o meretrício.

6. Para firmar Pombagira, eu preciso sempre firmar Exu também?

Sim, isso é o ideal. Ao se falar de Esquerda, estamos tratando de uma tríade, ou seja, de uma energia tripartida, formada por três elementos que se complementam. Estruturar bem a Esquerda firmando esses três polos traz sentido e dá voz a essas três facetas do trabalho dessa linha, que sustenta o trabalho no campo negativo. Então, ao se firmar uma Pombagira, é importante também firmar Exu e Mirim, nem que seja pôr uma vela para cada um.

7. Por que algumas entidades, quando estão incorporadas, usam palavras chulas e agem com uma sensualidade por vezes agressiva?

Tudo depende do que é compreendido por palavras chulas e sensualidade agressiva. Cada terreiro vai entender o certo e o errado de um modo muito peculiar. O uso de um palavrão por um espírito não denota, por si só, que ele é de baixa vibração. O que não condiz é o uso de palavras e gestos que não ornam o terreiro e as pessoas que ali estão participando. Isso, sim, não pode ser admitido. Os espíritos adéquam-se ao código de ética do lugar.

8. Meus relacionamentos amorosos podem não dar certo porque minha Pombagira não aprova as pessoas com quem me envolvo?

Muitas pessoas associam o sucesso ou o fracasso amoroso pessoal às entidades de Esquerda. Isso também é um grande equívoco. Pombagiras não escolhem namorado, marido nem companheiro. Elas podem aconselhar, mas não decidem nem fazem a escolha por nós.

9. A presença de uma Pombagira junto de uma pessoa pode atrapalhar a sua vida?

Entidades não atrapalham a vida de ninguém, nem se a Pombagira ou o Exu for o Guia de Frente. Com base nessa perspectiva equivocada, alguns dirigentes "amarram", isto é, afastam a entidade de Esquerda para que ela deixe de atrapalhar a vida do médium. Nada disso faz real sentido. Frequentemente, é o médium que deve aprender a lidar com sua vida e suas escolhas, mudar sua visão sobre as entidades ou depurar seu carma por meio do aprendizado e da melhoria íntima.

10. Pombagira pode ser Guia de Frente de um(a) médium ou chefe de um terreiro?

Sim. Embora muitos dirigentes não aconselhem isso por causa do preconceito, as pessoas que têm Pombagira na frente, em geral, precisam aprender a se amar e a olhar para si mesmas. Essa condição, portanto, não é algo ruim.

11. Médiuns do sexo masculino podem incorporar Pombagira sem que isso afete a sua sexualidade?

Sim. Esse preconceito de que somente homens gays podem assumir uma Pombagira não tem sentido. Acredito que esse conceito surgiu também em razão do costume antigo de como essas entidades chegaram aos terreiros, de um modo muito forte e feminino. Isso assustou os homens, os quais, muitas vezes, ainda escondiam sua sexualidade por causa do preconceito da época. Mas tudo isso mudou, então é preciso acabar com essas noções sem sentido para a Umbanda hoje em dia.

12. É verdade que a Pombagira pode se aproximar da médium no momento do ato sexual para deixá-la mais sensual?

Por incrível que pareça, essa pergunta já chegou a mim de muitas formas, inclusive com relatos de médiuns dizendo que a Pombagira se manifestou na companheira durante o ato sexual ou que a médium se sentiu incorporada pela sua Pombagira em um encontro casual. Tudo isso é mistificação. As entidades têm mais o que fazer e auxiliar do que ajudar na performance sexual das pessoas.

13. Posso ser acompanhado(a) por mais de uma Pombagira?

Sim. Pode haver mais de uma entidade da Esquerda no mesmo trabalho de médium, contudo uma entidade é a "frenteira" e se sobressai em relação às outras.

14. Quem não é médium de incorporação tem ao seu lado uma entidade da linha de Pombagira?

Sim. Todo mundo carrega consigo amigos espirituais e entidades, ainda que não haja manifestação mediúnica.

15. Como saber quem é a minha Pombagira?

Pergunte para a entidade. Sempre acho isso o mais seguro. Mas intuições e sonhos também são boas fontes. Só tome cuidado se essa informação vem de fora, de oráculos ou de pessoas que querem que você entre no terreiro delas.

16. Pombagira faz amarração amorosa?

Entidades não agem fazendo trabalhos negativos, como é uma amarração amorosa. Pelo contrário, as Pombagiras nos ensinam a nos amar, a nos valorizar e a sempre buscar o amor de forma limpa e como fonte de felicidade, não como prisão ou desespero.

17. Como saber se alguém tem Pombagira como guia espiritual?

Para saber se você tem Pombagira como guia espiritual, observe se você sente uma forte conexão com elementos que simbolizam essa entidade, como rosas vermelhas, perfumes e cores vibrantes como o vermelho e o preto. Além disso, perceba se você tem intuição aguçada e uma postura natural de proteção e justiça, características típicas de quem é guiado por Pombagira. Experiências em giras de Esquerda, em que você sente a presença dela de maneira intensa ou mesmo incorporações, são sinais claros de sua influência. No entanto, a confirmação definitiva vem por meio da própria entidade para você, como uma incorporação ou uma intuição.

Conclusão

Chegar até aqui não foi apenas cumprir a tarefa de escrever um livro. Foi um mergulho. Um mergulho no mistério, no sagrado e, acima de tudo, em mim mesmo. Porque, ao reunir cada palavra, ao recordar cada experiência, ao organizar cada ensinamento, eu também fui sendo transformado.

O Alan que agora escreve estas últimas linhas não é o mesmo que começou a escrever a primeira página. No processo de dar forma a esta obra, precisei revisitar memórias, reconhecer dores, ressignificar entendimentos e, sobretudo, deixar que a espiritualidade me guiasse em cada passo. Foi uma caminhada de dentro para fora. E, a cada capítulo, eu me percebia sendo renovado.

Compartilhar este conteúdo não é apenas transmitir conhecimento — é também abrir meu coração, dividir vivências, expor minhas marcas e testemunhar o quanto a força de Pombagira tem o poder de nos transformar quando nos permitimos realmente caminhar ao lado dela.

Escrever este livro foi como passar novamente pela iniciação de cada aprendizado. Senti a gargalhada ecoando, os véus sendo levantados, o peso das tradições e, ao mesmo tempo, a leveza da liberdade que Pombagira nos concede. Foi impactante. Foi renovador.

É por isso que, ao fechar estas páginas, eu também as deixo abertas em você. Porque este livro não se encerra aqui, ele continua vivo em cada firmeza que você fizer, em cada oferenda que você entregar, em cada oração que você soltar da alma, em cada vez que você sentir a presença dessa Mestra caminhando ao seu lado.

Se algo mudou em mim ao escrever, desejo que algo mude em você ao ler. Que este encontro seja o ponto de partida para uma nova consciência, para uma nova maneira de se relacionar com sua espiritualidade e, principalmente, para uma nova forma de se relacionar consigo mesmo(a).

Deixo aqui, então, não um ponto final, mas um convite: siga caminhando, siga aprofundando-se, siga permitindo que a sabedoria dessas guardiãs ilumine e fortaleça os seus passos.

Laroyê, Pombagira!

Saravá suas falanges!

Que a sua força, que já transformou tanto em mim, também transforme em você!